E
PRÄPOSITIONEN

Bedeutung und korrekter Gebrauch
der englischen Verhältniswörter

BEARBEITET VON DER

LANGENSCHEIDT-REDAKTION

LANGENSCHEIDT

BERLIN · MÜNCHEN · WIEN · ZÜRICH · NEW YORK

Abkürzungen

adj./p.	prädikatives Adjektiv
adv.	Adverb
Am.	im amerikanischen Englisch
(B.)	in bildlicher (übertragener) Bedeutung
bes.	besonders
Br.	im britischen Englisch
cj.	Konjunktion
dat.	Dativ
F	familiär, umgangssprachlich
gen.	Genitiv
inf.	Infinitiv
prp.	Präposition
(R.)	in räumlicher Beziehung
S.	Seite
Subst.	Substantiv
(Z.)	in zeitlicher Beziehung
z. B.	zum Beispiel
→	siehe, Verweiszeichen

Auflage: 14. 13. 12. 11. 10. | *Letzte Zahlen*
Jahr: 1999 98 97 96 95 | *maßgeblich*

© *1978 by Langenscheidt KG, Berlin und München*
Druck: Druckhaus Langenscheidt, Berlin-Schöneberg
Printed in Germany · ISBN 3-468-35401-0

Vorwort

Die englischen Präpositionen (Verhältniswörter) stellen den Lernenden häufig vor große Schwierigkeiten, denn nur in wenigen Fällen ist es möglich, eine englische Präposition ohne weiteres mit einer einzigen deutschen Präposition gleichzusetzen. So stehen beispielsweise die f ü n f Wörter "under, underneath, beneath, below, among" für die Übersetzung der e i n e n deutschen Präposition „unter" zur Verfügung. Noch verwirrender ist — im Vergleich zum Deutschen — die Fülle der englischen Präpositionen bei Zeitangaben (z. B. "at noon", aber "in the morning").

Mit Hilfe des vorliegenden Büchleins läßt sich der richtige Gebrauch der englischen Präpositionen leicht erlernen. Alphabetisch angeordnet und dann nach Bedeutungen gegliedert, werden die englischen Präpositionen in Hunderten von Anwendungsbeispielen vorgestellt.

Der Abschnitt „Wichtige Präpositionen, bildlich dargestellt" vermittelt eine erste anschauliche Vorstellung vom Bedeutungskern der wichtigsten Präpositionen. Die dann folgende durchgehend zweispaltige englisch-deutsche Anordnung und die Differenzierung nach räumlicher, zeitlicher und bildlicher (übertragener) Bedeutung erleichtert die Aneignung der Präpositionen in den verschiedenen Anwendungsbereichen. Kontrastiv werden auch gleichlautende Adverbien und Konjunktionen bei den einzelnen Präpositionen mit behandelt. Englische Redewendungen, die sich nicht ohne weiteres mit Hilfe der für die Präpositionen angegebenen Übersetzungen ins Deutsche übertragen lassen, werden jeweils in einem besonderen Abschnitt "Idioms" zusammengefaßt.

Ein systematisches Durcharbeiten des Büchleins und die entsprechende Einübung führen den Lernenden zum korrekten und idiomatischen Gebrauch der englischen Präpositionen. Er kann mit dem Büchlein e i n e englische Präposition oder d i e englischen Präpositionen lernen und wiederholen; er kann es aber auch zum Nachschlagen benutzen. In jedem Falle vervollkommnet er sich dabei in einem Teilgebiet, das für die Beherrschung der englischen Sprache unerläßlich ist.

Inhaltsverzeichnis

I. Wichtige Präpositionen, bildlich dargestellt 5

II. Einfache Präpositionen 7

aboard 7	betwixt 23	over 48
about 7	beyond 23	past 50
above 9	but 24	round 51
across 10	by 25	since 52
after 11	despite 28	through 53
against 12	down 28	throughout 54
along 13	during 29	thru 54
alongside 14	except 29	till 54
amid(st) 14	for 30	to 55
among, Br.	from 32	toward(s) 59
auch amongst . 14	in 34	under 60
around 15	inside 38	underneath 62
at 15	into 39	until 62
before 18	like 39	up 63
behind 19	notwithstanding . 40	upon 64
below 20	of 40	via 64
beneath 21	off 42	with 64
beside 21	on 44	within 66
besides 22	opposite 48	without 67
between 22	outside 48	

III. Zusammengesetzte Präpositionen 68

according to 68	but for 68	instead of 69
along with 68	down from 69	next to 70
as for 68	down to 69	on to, onto 70
as to 68	due to 69	out of 70
because of 68	except for 69	up to 71

I. Wichtige Präpositionen, bildlich dargestellt

1. LAGE

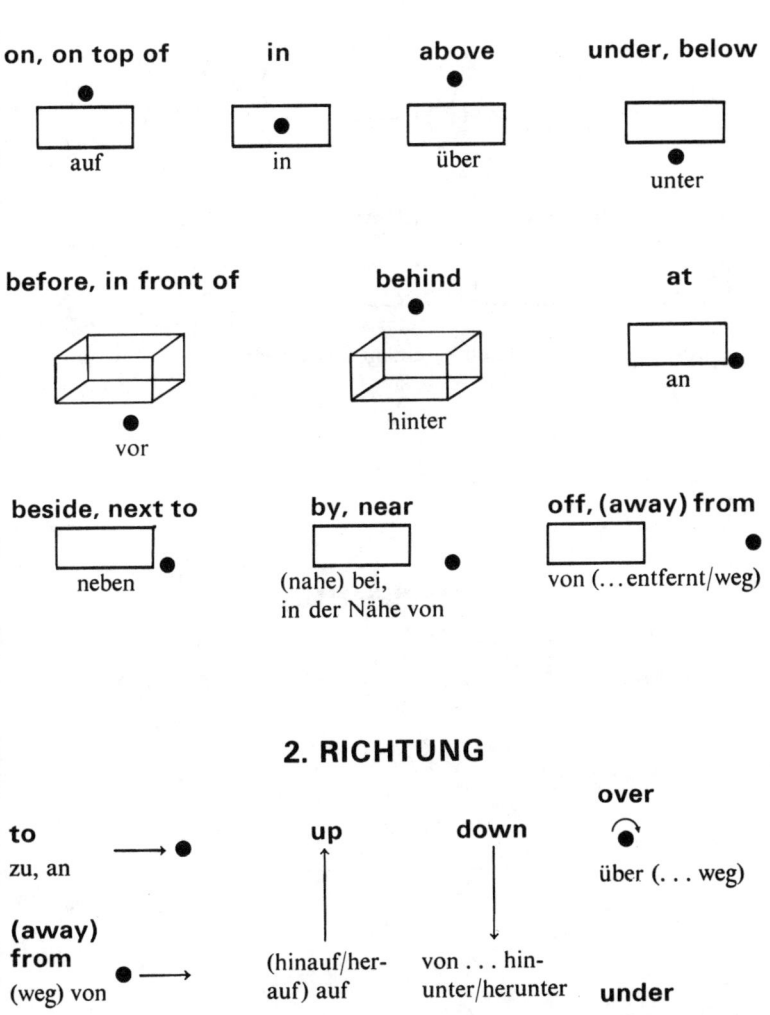

on, on top of
auf

in
in

above
über

under, below
unter

before, in front of
vor

behind
hinter

at
an

beside, next to
neben

by, near
(nahe) bei,
in der Nähe von

off, (away) from
von (... entfernt/weg)

2. RICHTUNG

to
zu, an

(away) from
(weg) von

up
(hinauf/her-auf) auf

down
von ... hin-unter/herunter

over
über (... weg)

under
unter (... weg)

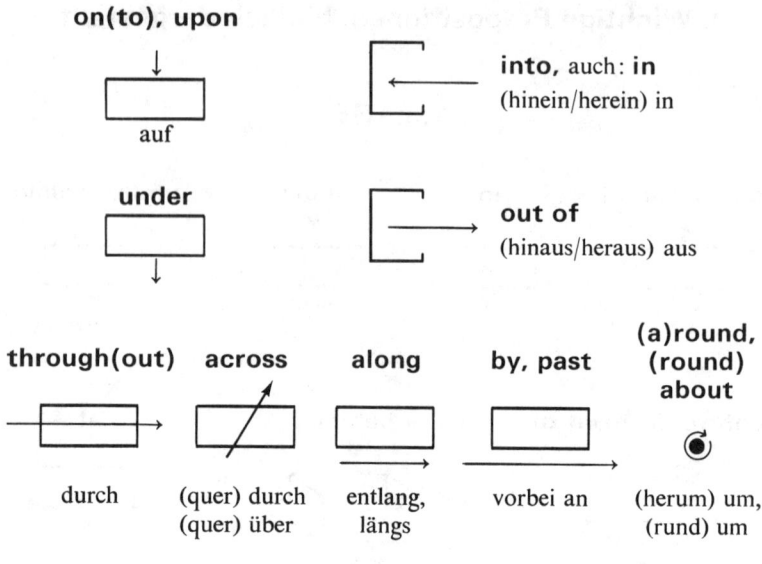

on(to), upon

auf

into, auch: **in**
(hinein/herein) in

under

out of
(hinaus/heraus) aus

through(out)	**across**	**along**	**by, past**	**(a)round, (round) about**
durch	(quer) durch (quer) über	entlang, längs	vorbei an	(herum) um, (rund) um

3. BEZIEHUNG

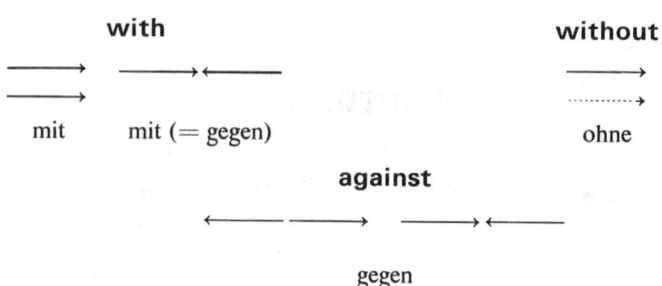

with

mit

mit (= gegen)

without

ohne

against

gegen

II. Einfache Präpositionen

aboard

an Bord:
We went ~ our ship at 10 p.m.   Wir schifften uns um 22 Uhr ein.

Unterscheide davon **adv.:**

an Bord:
The sailors of the "Nautilus" had   Die Matrosen der „Nautilus" muß-
to be ~ at midnight.   ten um Mitternacht an Bord sein.

about

1. (R.)
a) um (od. **in, auf**) (**. . . herum** od. **umher**)**:**
We wandered ~ the town for hours.   Wir wanderten stundenlang in der
          Stadt umher.

The dog was snooping ~ my feet.   Der Hund umschnüffelte meine
          Füße.

His books were scattered ~ his   Seine Bücher lagen auf seinem
desk.   Schreibtisch verstreut.
b) rund herum um, um (**. . . herum**)**:**
She rubbed her eyes and looked ~   Sie rieb sich die Augen und sah
her.   sich um.
c) (irgendwo) in; in der Nähe (von):
Burglars must have been ~ the house.   Es müssen Einbrecher im Hause
          gewesen sein.

2. (B.) bei, an:
I had no money ~ me.   Ich hatte kein Geld bei mir.
What's so particular ~ her?   Was hat sie denn so Besonderes an
          sich?

3. über, wegen, betreffs:
Can you talk ~ nothing but   Könnt ihr über nichts anderes als
business?   über Geschäfte reden?
We should think ~ how we can   Wir sollten darüber nachdenken,
help Edward.   wie wir E. helfen können.
They quarrelled ~ which team   Sie stritten (sich) darüber, welche
would win.   Mannschaft gewinnen würde.

I must go and see Mr Miller ~ that vacancy.	Ich muß wegen dieser freien Stelle einmal zu Herrn M. gehen.

Idioms:

John didn't care ~ Maria.	J. machte sich nichts aus M.
Please see ~ the hotel rooms.	Bitte kümmere dich um (od. sorge für) die Hotelzimmer.
What ~ (od. How ~) a cup of tea?	Wie steht es mit einer Tasse Tee?
What is this all ~ ?	Worum geht es (od. handelt es sich) dabei eigentlich?

4. ungefähr, etwa; (Z.) auch: gegen:

They walked ~ 20 miles.	Sie gingen etwa 20 Meilen.
It was ~ midnight when my mother went to bed.	Es war gegen Mitternacht, als meine Mutter zu Bett ging.

5. to be ~ (to inf.) gerade im Begriff (od. darüber) sein (zu inf.), vorhaben (zu inf.):

His wife was just ~ to go out.	Seine Frau war gerade im Begriff fortzugehen.

Idioms:

Mind what you are ~ !	Sieh dich vor! Überleg dir, was du (da) tust!
What are they ~ this time?	Was führen sie jetzt wieder im Schilde?

6. über, an (eine[r] Tätigkeit):

I must go ~ my work now.	Ich muß jetzt an meine Arbeit gehen.

Idioms:

Take your time ~ it!	Laß dir Zeit dazu!
Will you lay the table? The coffee water will boil while you are ~ it.	Willst du den Tisch decken? Das Kaffeewasser wird unterdessen (od. inzwischen) kochen.

Unterscheide davon **adv.:**

1. rings-, rundherum, im (Um)Kreis: herum(-), umher(-):

The lion was running ~ restlessly in his cage.	Der Löwe rannte unruhig in seinem Käfig herum.
His shoes were lying ~ on the floor.	Seine Schuhe lagen auf dem Boden herum.
We walked ~ in the town.	Wir gingen in der Stadt umher.

2. (irgendwo) in der Nähe; auch: tätig, aktiv:

Is there a cat ~ ?	Ist hier irgendwo eine Katze? Läuft hier eine Katze herum?

The doctor says that flu is ~.	Der Doktor sagt, daß die Grippe umgeht.

above

1. (R.)

a) über:

The plane is flying ~ the clouds.	Das Flugzeug fliegt über den Wolken.
The sun rises ~ the horizon.	Die Sonne taucht über dem Horizont auf.

b) oberhalb, von ... fluß- od. stromaufwärts:

Can we cross the river? – There's a bridge half a mile ~ the village.	Können wir den Fluß überqueren? — Eine halbe Meile oberhalb des Dorfes ist eine Brücke.

2. (B.)

a) über (gradmäßig; dem Rang, der Würde, den Fähigkeiten nach); **mehr als, höher als:**

A major ranks ~ a captain.	Ein Major steht im Rang über einem Hauptmann.
None of the athletes was ~ the age of 25.	Keiner der Sportler war älter als 25 (Jahre).

Idioms:

~ all you need a little rest now.	Du brauchst jetzt vor allem ein wenig Ruhe.
You, ~ all others, should not have left me in the lurch.	Gerade du hättest mich nicht im Stich lassen sollen.
Some of the students are ~ (the) average.	Einige der Studenten stehen über dem (allgemeinen) Durchschnitt.

b) erhaben über; zu stolz, (um) zu:

Idioms:

She will be ~ asking [~ taking advice].	Sie wird zu stolz sein, um zu fragen [einen Rat anzunehmen].
This man won't be ~ accepting bribes.	Dieser Mann wird sich nicht scheuen, Schmiergelder anzunehmen.
Their mother is ~ (all) praise.	Ihre Mutter ist über jedes Lob erhaben.
The minister's conduct is ~ suspicion.	Das Verhalten des Ministers ist über jeden Verdacht erhaben.

c) (geistig) zu hoch (für):

This was ~ him.	Das war ihm zu hoch. Das ging über seinen Verstand.

Unterscheide davon **adv.**:

1. (R.) a) (dr)oben, oberhalb; b) nach oben:
The bedrooms are ~.
Die Schlafzimmer sind oben.
Marble stairs led ~.
Eine Marmortreppe führte nach
oben.

2. (weiter) oben (in einem Buch):
As was stated ~ on page 26, . . .
Wie bereits oben auf Seite 26 er-
wähnt (wurde), . . .

3. darüber hinaus, mehr (bei Anzahl):
This hall accommodates 500 persons
and ~.
Dieser Saal faßt 500 und mehr
(od. über 500) Personen.

across

1. (quer) über:
You must lay one stick ~ the other.
Du mußt ein Stück Holz quer über
das andere legen.

Don't be careless when you go ~
the street.
Sei nicht unachtsam, wenn du über
die Straße gehst!

2. (quer od. **mitten) durch:**
The boys swam ~ the river.
Die Jungen schwammen durch den
Fluß.

3. jenseits, über:
The girls live [come from] ~ the
bridge.
Die Mädchen wohnen [kommen
von] jenseits der Brücke.
By this time Ellen ought to be
~ the Channel.
Um diese Zeit müßte E. bereits
über dem Kanal sein.

Idiom:
Last week I came ~ an old
acquaintance of mine [several
fine old records].
Letzte Woche stieß ich zufällig auf
einen alten Bekannten [stöberte
ich zufällig ein paar schöne alte
Schallplatten auf].

Unterscheide davon **adv.**:

1. a) hinüber(-); b) herüber(-):
The alpinists succeeded in getting
~ to the other side of the
mountain.
Es gelang den Bergsteigern, auf die
andere Bergseite hinüberzukom-
men.
The old woman at the kerb is so
frightened. Let's help her ~!
Die alte Frau am Straßenrand ist so
ängstlich. Helfen wir ihr hinüber!

The ferryman can row us ~.	Der Fährmann kann uns hinüber-rudern.

2. (quer-, mitten)durch:
The boards were sawn directly ~.	Die Bretter waren genau querdurch gesägt.

3. breit, in der (ganzen) Breite:
The lake is almost five miles ~.	Der See ist fast fünf Meilen breit.

after

1. (R.) hinter (. . . her); nach:
The dog ran ~ the girl.	Der Hund rannte dem Mädchen nach.
They came in, one ~ another.	Sie kamen hintereinander (od. einer hinter dem anderen) herein.
Shut the door ~ you when you leave the room.	Mach die Tür hinter dir zu, wenn du aus dem Zimmer gehst!
Get out quick! The police are ~ you.	Schnell hinaus! Die Polizei ist hinter dir her.

Idioms:
~ you!	Bitte nach Ihnen!
He is ill. We must look ~ him.	Er ist krank. Wir müssen uns nach ihm umsehen (od. B. uns um ihn kümmern).

2. (Z.) nach:
They watched a TV play ~ dinner.	Nach dem Abendessen sahen sie ein Fernsehspiel an.
She had recovered ~ some time.	Nach einiger Zeit hatte sie sich wieder erholt.
Can't you speak one ~ another?	Könnt ihr nicht nacheinander sprechen?

Idioms:
He will come the day ~ tomorrow.	Er wird übermorgen kommen.
He will come the week ~ next.	Er wird übernächste Woche kommen.
He will come the month ~ next.	Er wird übernächsten Monat kommen
They decided to go by train ~ all.	Schließlich (od. zu guter Letzt) beschlossen sie, mit der Bahn zu fahren.
That was no trouble ~ all.	Das war ja (od. schließlich) nicht gerade schwierig.

3. nach, hinter (bei Reihenfolge, Rang etc.):

B comes ~ A in the alphabet.	B kommt im Alphabet nach A.
Elizabeth II came to the throne ~ her father, George VI.	Elisabeth II. kam nach ihrem Vater, Georg VI., auf den Thron.

4. trotz, bei:

~ all the doctor's warnings the patient began smoking again.	Trotz aller Warnungen des Arztes fing der Patient wieder zu rauchen an.

5. nach, gemäß:

The boy was called ~ his grandfather.	Der Junge wurde nach seinem Großvater genannt.
Susan is a girl quite ~ my own heart.	S. ist ein Mädchen (so) ganz nach meinem Herzen.
Mary was named ~ her mother's best friend.	Mary erhielt den (Vor)Namen der besten Freundin ihrer Mutter.

Unterscheide davon **adv.**:

1. (R.) hinterher(-), hintennach(-):

Jill came tumbling ~. (Kinderlied)	J. kam hinterhergewackelt.

2. (Z.) nachher, hinterher, danach, später:

He arrived shortly ~ [3 weeks ~].	Er kam kurz danach [3 Wochen später] an.

against

1. (R.)
a) gegen, auf ... zu, an:

Danny hit his head ~ the wall.	D. rannte mit dem Kopf gegen die Wand.
Do you hear the rain beating ~ the window?	Hörst du, wie der Regen ans Fenster klopft?
You must place the ladder ~ the tree.	Du mußt die Leiter am Baum anlehnen.
The spire of the church was silhouetted ~ the evening sky.	Der Turm der Kirche hob sich als Silhouette vom Abendhimmel ab.

12

b) gegen (= in entgegengesetzter Richtung):

They were rowing ~ the current.

Sie ruderten gegen den Strom (od. die Strömung).

He was always going against the grain.

Er schwamm immer gegen den Strom.

2. (B.)

a) gegen, wider, entgegen, ... zuwider:

I am ~ this plan.

Ich bin gegen diesen Plan.

The laws ~ environmental pollution should be more severe.

Die Gesetze gegen die Umweltverschmutzung sollten strenger sein.

Don't act ~ your conscience.

Handle nicht gegen dein Gewissen!

The girl was married ~ her will.

Das Mädchen wurde gegen seinen Willen verheiratet.

Appearances are ~ the defendant.

Der Schein spricht gegen den Angeklagten.

It's ~ the law to keep this purse.

Es ist gesetz- (od. rechts)widrig, diesen Geldbeutel zu behalten.

Idiom:

Let's hope ~ hope!

Geben wir trotzdem die Hoffnung nicht auf!

b) gegen, vor (Krankheit, Gefahr):

The doctor gave the boy an injection ~ tetanus.

Der Arzt gab dem Jungen eine Spritze gegen Tetanus.

Asbestos is a good protection ~ fire.

Asbest ist ein guter Feuerschutz.

3. für, in Erwartung (von):

He had saved some money ~ a rainy day. (Sprichwörtlich)

Er hatte einen Notgroschen zurückgelegt.

along

entlang, längs:

The boys were running ~ the street.

Die Jungen rannten die Straße entlang.

The ship is sailing ~ the coast.

Das Schiff fährt die Küste entlang.

Policemen are lined up ~ the street.

Polizisten sind längs der Straße aufgestellt.

13

Unterscheide davon **adv.**:

1. entlang(-), dahin(-); auch: **mit(-):**
He ran ~ after the thief.   Er rannte hinter dem Dieb her.
Take your raincoat ~!   Nimm deinen Regenmantel mit!

2. weiter(-), vorwärts(-):
Come ~! It's time for us to go.   Los (od. Komm schon)! Es ist Zeit,
     daß wir gehen.
How is Bob getting ~?   Was macht B. (für Fortschritte)?
Move ~ please!   (Polizist:) Bitte weitergehen!

alongside

1. (R.) längsseits, auch: **an:**
The ship anchored ~ the pier.   Das Schiff ging an der Pier vor
     Anker.

2. (B.) verglichen mit, neben:
The author takes his place ~   Der Schriftsteller steht gleichberech-
    the best.   tigt neben den besten seiner Art.

amid(st)

inmitten (von), unter (veraltend):
I found the bill ~ a heap of   Ich fand die Rechnung unter einem
    old letters.   Berg von alten Briefen.
The house was standing ~ trees.   Das Haus stand inmitten von
     Bäumen.

among, Br. auch amongst

1. (R.) zwischen, (mitten) unter, inmitten (von):
He was sitting ~ his friends.   Er saß zwischen (od. mitten unter)
     seinen Freunden.
The castle stands ~ old oaks.   Das Schloß steht inmitten von alten
     Eichen.

2. (B.)
a) unter:
~ his writings there is also one fine   Unter seinen Schriften befindet sich
    novel.   auch ein schöner Roman.
b) bei:
This is not the custom ~ us.   Das ist bei uns nicht üblich.

around

1. (R.)
a) um . . . (herum), rund um:

Policemen were standing on guard   Polizisten standen rund um das
   ~ the ministry.   Ministerium (herum) Wache.
A man went ~ the corner.   Ein Mann bog um die Ecke.

b) (rings)herum in (od. um), im . . . umher:

During our holidays we were travel-   Während der Ferien reisten wir im
   ling ~ the country.   Land umher.

c) (bes. Am. F) (nahe) bei, in der Nähe (von):

There was an inn ~ here in former   Hier in der Nähe war früher einmal
   times.   ein Wirtshaus.

2. (B.) (Am. F) **etwa, ungefähr, „so um (die)":**
His book has ~ 300 pages.   Sein Buch hat so um 300 Seiten.

Unterscheide davon: **adv.:**

1. (R.)
a) (rings)herum, (im Kreis) herum; herum-; b) umher(-), herum(-):

The top is spinning ~.   Der Kreisel dreht sich (herum).
We had to stand ~ and wait.   Wir mußten herumstehen und
                           warten.

Idiom:
   He has been ~ a great deal.   Er ist viel herumgekommen.

2. (bes. Am. F) in der Nähe:
Her husband will be ~ when the   Ihr Mann wird in ihrer Nähe sein,
   baby arrives.   wenn das Baby (an)kommt.

at

1. (R.) an (allgemein); **in:**
Three men were standing ~ the   Drei Männer standen an der Ecke.
   corner.
They were ~ the seaside last   Sie waren letzten Sommer an der
   summer.   See.
I met Mrs Bennet ~ the bookshop.   Ich traf Frau B. in der Buchhand-
                           lung.

Idioms:
   a) bei:
   We buy our bread ~ the baker's.   Wir kaufen unser Brot beim Bäcker.

b) zu:

Is Mrs White ~ home? Ist Frau W. zu Hause?

c) auf:

The young people were ~ a ball [a wedding]. Die jungen Leute waren auf einem Ball [einer Hochzeit].

Both his sons are ~ university. Seine beiden Söhne sind auf der Universität.

I met him ~ the station [~ the post office]. Ich traf ihn auf dem (od. am) Bahnhof [auf dem Postamt].

d) in:

John and Peter are ~ school [church]. J. und P. sind in der Schule [Kirche].

2. (Richtung):

a) auf (. . . zu, hin):

He aimed his arrow ~ the target. Er richtete seinen Pfeil auf die Zielscheibe.

What [Who] are you aiming ~ ? **(B.)** Worauf zielst du ab? [Wen meinst du damit?, Auf wen ist das gemünzt?]

Don't point your finger ~ people. Deute nicht mit dem Finger auf die Leute!

The shop assistant rushed ~ the boy who had just stolen a packet of cigarettes. Der Verkäufer stürzte sich auf den Jungen, der gerade eine Schachtel Zigaretten gestohlen hatte.

b) auf . . . los, gegen (feindlich):

The cat sprang ~ the dog. Die Katze sprang auf den Hund los.

Fred was storming ~ his brother. F. tobte gegen seinen Bruder.

3. an (einem Knochen, dem Essen); **(B.) an** (jemandem):

The dog is gnawing ~ a bone. Der Hund nagt an einem Knochen.

Stop nagging ~ her! Hör auf, an ihr herumzunörgeln!

4. in (einem Bereich, Fachgebiet), auch: **bei** (Spiel, Sport usw.):

Jim is good ~ mathematics. J. ist gut in Mathematik.

Bob beat his father ~ chess. B. schlug seinen Vater beim Schachspiel.

5. bei, über (einer Arbeit, Tätigkeit etc.):

The man was ~ his work till late in the evening. Der Mann war bis spät abends über seiner Arbeit.

6. (Art und Weise, Zustand):

Idioms:

~ all **überhaupt** (in Fragesätzen od. negativ):

I don't like her ~ all.	Ich mag sie überhaupt nicht.
This book is no good ~ all.	Dieses Buch ist überhaupt nichts wert.
Thank you for your help. — Oh, not ~ all!	Danke für deine Hilfe. — Oh, nichts zu danken (od. nicht der Rede wert)!

~ ease a) behaglich, gemütlich; b) ruhig; c) entspannt:

I felt ill ~ ease in this room.	Ich fühlte mich in diesem Zimmer unbehaglich (od. nicht wohl).
This news will set her ~ ease.	Diese Nachricht wird sie beruhigen.
Stand ~ ease!	(Militär:) Rührt euch!

~ least a) mindestens; b) wenigstens, zumindest:

These shoes cost £ 25 ~ least.	Diese Schuhe kosten mindestens 25 Pfund.
Did you ~ least warn him?	Hast du ihn wenigstens gewarnt?

~ length a) letztlich, schließlich, zu guter Letzt; b) ausführlich:

~ length he arrived, apologizing for being late.	Schließlich kam er und entschuldigte sich, daß er spät dran sei.
She spoke ~ length.	Sie sprach lange.

~ rest a) ruhig, unbeweglich, in Ruhe; b) schlafend; c) tot:

His words set my mind ~ rest.	Seine Worte beruhigten mich.
Children are never really ~ rest.	Kinder sind niemals ganz ruhig.
He is now ~ rest.	a) Er ist jetzt ganz ruhig.
	b) Er schläft (od. ruht) jetzt.
	c) Er ruht jetzt in Frieden (= ist tot).

~ first we thought this meant nothing.	Zuerst dachten wir, das hätte nichts zu bedeuten.
Here they are ~ last!	Endlich sind sie da!
The riders came up to us ~ a gallop.	Die Reiter kamen im Galopp auf uns zu.

7. (Grund):
a) über, auch: **auf:**

The boy was astonished [happy, surprised] ~ his success.	Der Junge war erstaunt [glücklich, überrascht] über seinen Erfolg.
Mary was angry ~ her boyfriend.	M. war ärgerlich über (od. böse auf) ihren Freund.
Don't laugh ~ me!	Lach nicht über mich!

b) über, von, bei:
The woman was frightened ~   Die Frau war über diesen Anblick
the sight.   entsetzt.

8. (Z.)
a) um (eine bestimmte Zeit):
The men came ~ 8 o'clock   Die Männer kamen um 8 Uhr
[~ noon, ~ midnight].   [mittags, um Mitternacht].
b) an, zu (einem Fest):
Our grandchildren will be here ~   Unsere Enkelkinder werden an (od.
Christmas [Easter].   zu) Weihnachten [Ostern] hier
                                      sein.

Idioms:
We left ~ dawn [~ night].   Wir gingen bei Tagesanbruch
                                      [nachts] fort.

She married ~ the age of 22.   Sie heiratete mit (od. im Alter von)
                                      22 Jahren.

9. um, zum Preis von:
I bought this coat ~ £ 85.   Ich habe diesen Mantel um 85 Pfund
                                      gekauft.

before

1. (R.)
a) vor (. . . her):
They went ~ us.   Sie gingen vor uns (her).
b) vor (bei Angabe der Lage; hier wird meist *in front of* bevorzugt):
There is a lawn ~ the house.   Vor dem Haus ist eine Rasenfläche.

2. (Z.) vor (einem Zeitpunkt):
Caesar died in the year 44 ~ Christ.   Cäsar starb im Jahr 44 vor Christus.
Wash your hands ~ dinner.   Wasch dir vor dem Essen die Hände!
Idioms:
Your letter arrived the day ~   Dein Brief kam vorgestern an.
yesterday.
My sister will be here ~ long.   Meine Schwester wird bald hier sein.
I have never seen him ~ now.   Ich habe ihn bis jetzt nie gesehen.

3. (B.)
a) vor, in Anwesenheit (von):
Don't discuss such things ~ the   Sprich nicht vor den Kindern über
children.   solche Dinge!
b) vor (nach Rang, Reihenfolge etc.):
B comes ~ C in the alphabet.   B kommt im Alphabet vor C.

Unterscheide davon:

I. adv.
1. (R.) vorn; voran, voraus:

Who went ~ ?   Wer ging voraus?

2. (Z.) vorher, früher:

Times are no longer as they were ~ .   Die Zeiten sind (auch) nicht mehr wie früher.

I had never seen this man ~ .   Ich hatte diesen Mann vorher nie gesehen.

II. cj.
1. (Z.) bevor, ehe:

Their mother came back ~ they had finished their work.   Ihre Mutter kam zurück, bevor (od. ehe) sie mit der Arbeit fertig waren.

2. (B.) eher (od. **lieber**) **. . ., als daß . . .:**

He will starve ~ he will steal.   Lieber verhungert er, als daß er stiehlt.

behind

1. (R.) hinter:

There's an orchard ~ the house.   Hinter dem Haus ist ein Obstgarten.

I can see you! Don't hide ~ that tree!   Ich kann dich sehen! Versteck dich nicht hinter dem Baum dort!

When I looked ~ me, I saw a large dog.   Als ich mich umschaute, sah ich einen großen Hund.

2. (B.)
a) hinter (jemandem als Unterstützung):

The Prime Minister had a large majority ~ him.   Der Premierminister hatte eine große Mehrheit hinter sich.

b) hinter . . . zurück, im Rückstand gegenüber (auch **Z.**):

She is ~ other girls of her age.   Sie ist hinter anderen Mädchen ihres Alters zurück(geblieben).

This man was always ~ the times.   Dieser Mann hinkte immer hinter seiner Zeit her.

c) (bei kultureller Hinterlassenschaft):
Idiom:

The Greeks left ~ many witnesses to their culture.   Die Griechen hinterließen viele Zeugnisse ihrer Kultur.

d) hinter (= im Hintergrund von . . . verborgen):

I should like to know what's ~ all this.	Ich wüßte gern, was hinter dem allen steckt.

Unterscheide davon **adv.:**

1. (R.) a) hinten; dahinter(-), hinterher(-); b) zurück (-):

The children walked ~.	Die Kinder gingen hinterher.
Don't look ~!	Schau nicht zurück! (auch **B.**)

2. (B.) a) zurück(-), im Rückstand, hintennach(-) (auch **Z.**); **b) dahinter(-), im Verborgenen:**

She was ~ with her work.	Sie war mit ihrer Arbeit im Rückstand.
I know, there's more ~ it.	Ich weiß, da steckt mehr dahinter.

below

1. (R.)
a) unter, unterhalb:

The sun disappeared ~ the horizon.	Die Sonne verschwand am Horizont.
Her skirt reaches just ~ her knees.	Ihr Rock reicht gerade bis unter das Knie.

Idiom:

The sailors were [went] ~ deck.	(Marine:) Die Matrosen befanden sich [gingen] unter Deck.

b) unterhalb, von . . . fluß- (od. **strom)abwärts:**

There was a mill one mile ~ the bridge.	Eine Meile unterhalb der Brücke war eine Mühle.

2. (B.)
a) unter (gradmäßig; dem Rang, der Würde, den Fähigkeiten nach):

The temperature was 10 degrees ~ freezing-point.	Die Temperatur lag bei 10 Grad unter dem Gefrierpunkt.
He is far ~ his brother.	Er steht tief unter seinem Bruder.

b) unwürdig (eines Menschen):
Idiom:

She thought manual labour ~ her.	Sie hielt manuelle Arbeit für unter ihrer Würde.

Unterscheide davon **adv.**:

1. (dr)unten; (poetisch:) **a) auf Erden, hienieden, b) (drunten) in der Hölle:**

The rooms ~ are a living-room and a kitchen.	Die Räume unten sind ein Wohnzimmer und eine Küche.
We must suffer many hardships as long as we live here ~ .	Wir müssen viel Mühsal erleiden, solange wir hienieden leben.
The fiends ~ .	Die Geister der Hölle, die Höllengeister.

2. (weiter) unten (in einem Buch etc.):

See paragraph 19 ~ .	Siehe weiter unten Absatz 19.

3. (Marine:) **unter Deck:**

The captain was [went] ~ .	Der Kapitän befand sich [ging] unter Deck.

beneath

1. (R.) unter, unterhalb:

The sun sank ~ the horizon (veraltet od. literarisch).	Die Sonne versank hinter dem Horizont.
Look at the illustrations but also read what is ~ them.	Schau die Zeichnungen an, aber lies auch, was daruntersteht!

2. (B.) unwürdig (eines Menschen), **... nicht wert:**

Idioms:

It was ~ her to accept money from her parents.	Es war unter ihrer Würde (od. sie verschmähte es), Geld von ihren Eltern anzunehmen.
Your behaviour is ~ contempt.	Dein Benehmen ist unter aller Kritik.

Unterscheide davon **adv.**:

darunter(-); unterhalb, (weiter) unten:

The sky is above us and the earth ~ .	Der Himmel ist über uns und darunter (= unter ihm) die Erde.

beside

1. (R.) neben:

Nancy was sitting [sat down] ~ her mother.	N. saß neben ihrer [setzte sich neben ihre] Mutter.

2. (B.)
a) im Vergleich zu, gemessen an:
Frank seems rather tall ~ his brother. F. ist im Vergleich zu seinem Bruder
ziemlich groß.

b) außerhalb, nicht zu ... gehörend:
Leave that story out. It's ~ the point. Laß diese Erzählung weg! Sie gehört
nicht zur Sache.

3. ~ oneself außer sich, aus dem Häuschen:
The children were ~ themselves Die Kinder waren vor Freude (ganz)
with joy. aus dem Häuschen.

besides

außer, neben:
She has two fur coats ~ her other Sie hat zwei Pelzmäntel außer ihren
coats. anderen Mänteln.
There were five of us ~ Joan. Außer J. waren wir zu fünft.

Unterscheide davon **adv.:**

1. außerdem, überdies, ferner, zudem, im übrigen:
We were very busy last week. ~ Wir hatten letzte Woche viel zu tun.
we had visitors from abroad. Außerdem hatten wir Besuch aus
dem Ausland.

2. außerdem, sonst:
He knows his job but very little ~. Er versteht seine Arbeit, aber sonst
sehr wenig.

between

1. (R.)
a) zwischen (bei zwei Personen od. Sachen):
She was standing ~ her husband and Sie stand zwischen ihrem Mann und
her eldest son. ihrem ältesten Sohn.
Let's put a small table ~ the two Stellen wir ein Tischchen zwischen
beds. die zwei Betten!
b) (bei mehreren Personen od. Sachen:) → among.

2. zwischen (bei Verbindung zwischen zwei Endpunkten):
There is a passageway ~ the two Zwischen den beiden Häusern befin-
houses. det sich ein Korridor.
The liner sails ~ Dover and Calais. Das Linienschiff fährt zwischen
Dover und Calais.

3. zwischen (zur Angabe einer Beziehung oder Verbindung):

The relations ~ the United States and the Soviet Union are rather cool again.
Die Beziehungen zwischen den Vereinigten Staaten und der Sowjetunion sind wieder ziemlich kühl.

There was a meeting ~ the foreign ministers of France and Italy.
Es fand ein Treffen der Außenminister Frankreichs und Italiens statt.

4. zwischen (auch **Z.**) (bei Angabe einer Begrenzung):

They walked ~ 10 and 15 miles every day.
Sie gingen jeden Tag zwischen 10 und 15 Meilen.

Don't disturb him ~ 12.30 and 14.30.
Stör ihn nicht zwischen 12.30 (Uhr) und 14.30 (Uhr)!

5. unter, zwischen (bei gemeinsamem Besitz, gemeinsamer Tätigkeit):

They shared the money ~ them.
Sie teilten das Geld unter sich auf.

This is a secret ~ ourselves (od. ~ you and me).
Das ist ein Geheimnis zwischen mir und dir (od. uns beiden).

We had 80p ~ us.
Wir hatten zusammen 80 Pence.

The children finished the work ~ them.
Die Kinder brachten gemeinsam die Arbeit zu Ende.

Unterscheide davon **adv.**:

(R., Z.) dazwischen(-), zwischendrin:
Is there enough space left in ~ ?
Ist genug Zwischenraum gelassen?

betwixt

veraltet od. literarisch für **between.**

beyond

1. (R.) jenseits:
We saw the town ~ the lake.
Wir sahen die Stadt jenseits des Sees (liegen).

2. (Z.) über ... hinaus, länger als (bis):
He can't see ~ the present.
Er kann nicht über die Gegenwart hinaussehen.

Don't stay out ~ 11 o'clock!
Bleib nicht länger aus als bis 11 Uhr!

23

3. (B.)

a) über (. . . hinaus); höher (od. weiter, mehr) als:

I will pay nothing ~ *the stated price.*	Ich werde nichts über den festgesetzten Preis hinaus bezahlen.

Idioms:

She is ~ *all blame.*	Sie ist über jeden Tadel erhaben.
These facts are ~ *dispute.*	Diese Tatsachen sind unbestreitbar.
His behaviour is ~ *endurance.*	Sein Benehmen ist unerträglich.
The patient is ~ *hope.*	Für den Patienten gibt es keine Hoffnung mehr.
The team won ~ *their hopes.*	Die Mannschaft gewann höher als sie erhofft hatte.
They live ~ *their income.*	Sie leben über ihre Verhältnisse.
Such reasoning is ~ *me.*	Solche Gedankengänge sind mir zu hoch.
His father was furious ~ *measure.*	Sein Vater war maßlos wütend.

b) außer, abgesehen von:

She had nothing to live on ~ *her small pension.*	Außer ihrer kleinen Rente hatte sie nichts zum Leben.
His son got his legitimate portion and nothing ~ *(that).*	Sein Sohn bekam seinen Pflichtteil und sonst nichts.

Unterscheide davon **adv.:**

1. jenseits:

The monastery is ~ *the mountains.*	Das Kloster ist jenseits der Berge.

2. weiter (weg):

They went along the lake and ~ *to a small village.*	Sie gingen am See entlang und weiter zu einem kleinen Dorf.

but

außer, abgesehen von, bis auf:

They all had come ~ *him [* ~ *one].*	Alle außer ihm [bis auf einen] waren gekommen.
My parents live in the next house ~ *one [* ~ *two].*	Meine Eltern wohnen im übernächsten [drittnächsten] Haus.
His horse came in last ~ *one [* ~ *two].*	Sein Pferd kam als vorletztes [drittletztes] ins Ziel.
She was the first ~ *one [* ~ *two].*	Sie war die zweite [dritte].

24

Unterscheide davon:

I. cj.

1. aber, jedoch:

I wanted to read the book ~ had no time.

Ich wollte das Buch lesen, aber ich hatte keine Zeit dazu.

2. sondern (hervorhebend):

It's not Walter ~ (it's) his brother.

Es ist nicht W., sondern (es ist) sein Bruder.

3. außer, als:

What else could we do ~ laugh?

Was konnten wir tun als lachen?

4. ohne daß:

She never comes to us ~ she has some news in store.

Sie kommt nie zu uns, ohne daß sie eine Neuigkeit auf Lager hat.

II. adv.

1. (Z.) erst, gerade:

She arrived ~ half an hour ago.

Sie kam erst vor einer halben Stunde an.

2. nur, noch:

Tommy is ~ a child.

T. ist ja nur (od. noch) ein Kind.

3. immerhin, wenigstens:

Do ~ try!

Versuch es doch wenigstens einmal!

by

1. (R.)

a) (nahe) bei (od. **an**), **in der Nähe (von); neben:**

She was standing ~ the fireside.
Sie stand am Kamin.

Sit down ~ my side!
Setz dich neben mich (od. zu mir)!

Have you got a dictionary ~ you?
Hast du ein Wörterbuch in der Nähe (od. zur Hand)?

b) durch, über, an ... vorbei (od. **entlang**):

The canoe passed ~ the bridge.
Das Kanu fuhr an der Brücke vorbei.

She has to go ~ the Town Hall every morning.
Sie muß jeden Morgen am Rathaus vorbeigehen.

Do you happen to come ~ Oxford Street?
Kommst du zufällig in der Nähe der Oxford Street vorbei?

c) → **via.**

2. (Z.)

a) bei, während:

There was much noise ~ day and ~ night.	Bei Tag und (bei) Nacht (od. tagsüber und nachts) herrschte viel Lärm.

b) bis (zu od. um):

Can you be here ~ 9 o'clock [~ tomorrow]?	Kannst du bis 9 Uhr [bis morgen] hier sein?

3. bei, an (bezogen auf Körperteile):

Charlie took his little sister ~ the hand and trotted off.	C. nahm seine kleine Schwester bei der Hand und trabte davon.

4. von (einem Urheber, Verfasser, Gründer etc.):

"Animal farm" is a well-known novel ~ George Orwell.	„Animal Farm" ist ein bekannter Roman von George Orwell.
St. Paul's Cathedral was designed ~ Christopher Wren.	Die Paulskathedrale wurde von Christopher Wren entworfen.
Betty made the cake all ~ herself.	B. hat den Kuchen selber (od. selbst, ganz allein) gebacken.

5. von, gelegentlich: **durch** (zum Ausdruck des Passivs):

The first prize was won ~ a student.	Der erste Preis wurde von einem Studenten gewonnen (= den ersten Preis gewann ein Student).
He was killed ~ his enemy [a bullet].	Er wurde von seinem Feind [einer Kugel] getötet.
The house was wrecked ~ an earthquake.	Das Haus wurde durch ein Erdbeben zerstört.

6. durch, mit, mit Hilfe von, mittels:

The submarine is propelled ~ atomic power.	Das U-Boot wird durch Atomkraft angetrieben.
Try to keep things in mind ~ writing them down.	Versuch dir die Dinge zu merken, indem du sie aufschreibst!

Idioms:

Shall we go ~ bus or ~ train?	Fahren wir mit dem Bus oder mit dem Zug?
She learned the poem ~ heart.	Sie lernte das Gedicht auswendig.
This happened { ~ accident; ~ chance; ~ mistake.	Das geschah { unabsichtlich, zufällig; zufällig; aus Versehen, versehentlich.

Präpositionale Wendungen:
BY + Subst. + OF:
~ *means of*   mittels, durch,
~ *order of*   auf Befehl (von),
~ *virtue of*   aufgrund (von), kraft, vermöge,
~ *way of:*   a) (**R.**) (auf dem Wege) über,
                   b) ~ *way of example* beispielsweise,
                   c) ~ *way of exception* ausnahmsweise,
                   d) ~ *way of excuse* als (od. zur) Entschuldigung.

7. gemäß, nach:

I know the gentleman ~ name [sight]. — Ich kenne den Herrn dem Namen [dem Aussehen] nach.

What time is it ~ your watch? — Wie spät ist es nach deiner Uhr?

We shouldn't judge ~ appearances. — Wir sollten nicht nach dem äußeren Anschein urteilen.

Idioms:

She is rather timid ~ nature. — Sie ist von Natur aus ziemlich schüchtern.

This house ought to be ours ~ rights. — Dieses Haus würde rechtmäßig uns gehören.

8. (je) nach (bei Mengenangaben); ~ *the ...* oft: ...**weise:**

Freight is charged ~ the weight. — Die Frachtgebühr wird (je) nach Gewicht berechnet.

Cloth is sold ~ the metre. — Stoff wird meterweise verkauft.

Their work is paid ~ the piece [~ the hour]. — Ihre Arbeit wird stückweise [stundenweise] bezahlt.

9. (Mathematik):
a) mit (bei Multiplikation):

Six multiplied ~ five is thirty. — Sechs mal fünf ist dreißig. [6 × 5 = 30]

b) durch (bei Division):

Sixteen divided ~ two is eight. — Sechzehn geteilt durch zwei ist acht. [16 : 2 = 8]

c) zu, mal (zur Angabe des Größenverhältnisses):

We lived in a room 25 ft. ~ 36. — Wir wohnten in einem 25 zu (od. mal) 36 [25 × 36] Fuß großen Zimmer.

10. um, bei (in Vergleichen):

Tom is taller than Bob ~ 4 in. — T. ist um 4 Zoll größer als B.

This picture is better ~ far. — Dieses Bild ist bei weitem besser.

11. um, für (zur Wiederholung):

She did her duty day ~ day. — Sie tat Tag um Tag (od. tagtäglich) ihre Pflicht.

Idioms:

Little ~ little we realized our mistake. — Nach und nach (be)merkten wir unseren Fehler.

You can learn the language step ~ step. — Du kannst die Sprache Schritt für Schritt (od. schrittweise, stufenweise) lernen.

12. gegen(über), auch: **an:**

She did her best ~ her family. — Sie tat ihr Bestes gegenüber ihrer Familie.

13. ~ the way, ~ the by(e) übrigens:

~ the way, did you see my sister? — Hast du übrigens meine Schwester gesehen?

Unterscheide davon **adv.:**

1. (R.) a) dabei(-), daneben(-); b) vorbei(-):

He was standing close ~ when the house exploded. — Er stand ganz dicht dabei (od. gleich daneben), als das Haus explodierte.

Soldiers were marching ~ . — Soldaten marschierten vorbei.

2. (B.) beiseite(-), weg(-):

Put these strawberries ~ for tomorrow! — Heb diese Erdbeeren für morgen auf!

despite

trotz:

She helped her son ~ her financial troubles. — Sie half ihrem Sohn trotz ihrer finanziellen Schwierigkeiten.

down

1. ... herunter (od. herab); ... hinunter (od. hinab):

The old man plodded ~ the stairs [= downstairs]. — Der alte Mann ging mühsam die Treppe hinunter.

They went ~ the hill [= downhill]. — Sie gingen den Hügel hinunter.

The mountaineer fell ~ a precipice. — Der Bergsteiger stürzte in einen Abgrund.

We went ~ the Rhine.	Wir fuhren rheinabwärts.
Regensburg is on the Danube;	R. liegt an der Donau; P. liegt weiter
Passau is further ~ the river.	strom- (od. fluß)abwärts.

2. (eine Straße etc.) **hinunter, entlang:**

The children ran ~ the street.	Die Kinder rannten die Straße ent-lang.

3. unten in (bei Angabe der Himmelsrichtung):

They are living ~ south.	Sie leben (tief) unten im Süden.

Unterscheide davon:

I. adv. (vor allem die Grundbedeutungen)

1. herunter(-), herab(-); hinunter(-), hinab(-); nieder(-), ab(-):

Be careful when you climb ~.	Sei vorsichtig, wenn du herunter-steigst!
She fell ~ and broke her arm.	Sie fiel hin und brach sich den Arm.
Prices have come ~.	Die Preise sind heruntergegangen.
Their house burnt ~.	Ihr Haus brannte nieder (od. ab).

2. (dr)unten (bes. im Hause):

They had a party ~ in the basement.	Sie feierten drunten im Keller eine Party.

3. bei **durch . . . hindurch** (verstärkend):

This has been so ~ through the ages.	Das war durch alle Zeiten so.

II. die Bedeutungen von *down* als **adj./p.,** z. B.

The sun is ~ already.	Die Sonne ist schon untergegangen.
Harvey is ~ with the flu.	H. liegt mit Grippe zu Bett.
He is completely ~ and out today.	Er ist heute völlig erledigt.

during

während (nur **prp.**!):

Thieves were here ~ the night.	Diebe waren während der Nacht hier.
Food was rationed ~ the war.	Lebensmittel waren während des Krieges rationiert.

except

außer, mit Ausnahme (von):

We get up very early ~ on weekends.	Wir stehen sehr früh auf, außer am Wochenende.

→ **except for** (S. 69).

for

1. für (einen künftigen Empfänger):

Here's a letter [a present, good news] ~ you.

Hier ist ein Brief [ein Geschenk, eine gute Nachricht] für dich.

She made some coffee ~ us.

Sie machte Kaffee für uns.

Will you save these stamps ~ me?

Willst du diese Briefmarken für mich aufheben?

2. für, zugunsten (von):

Are you ~ or against this proposal?

Bist du für oder gegen diesen Vorschlag?

Her love of truth speaks ~ her.

Ihre Wahrheitsliebe spricht für sie.

Idiom:

The witness stood up ~ the defendant.

(B.) Der Zeuge trat für den Angeklagten ein.

3. (Verwendung, Zweck, Absicht):

a) zu, auch: **für:**

These apples are ~ cooking only.

Diese Äpfel sind nur zum Kochen (geeignet).

We had eggs ~ breakfast.

Wir hatten Eier zum Frühstück.

He stayed with us ~ dinner.

Er blieb bei uns zum Abendessen.

Idioms:

This pencil is good ~ nothing.

Dieser Bleistift taugt nichts.

What is this knife ~ ?

Wozu (od. Wofür) dient dieses Messer?

They went ~ a walk [went ~ a ride, went ~ a swim].

Sie gingen spazieren [ritten aus, gingen zum Schwimmen].

b) als:

Books are suitable ~ presents.

Bücher sind als Geschenk (od. zum Schenken) geeignet.

4. nach (einem Bestimmungsort):

Our plane ~ London started at 14.35.

Unser Flugzeug nach London startete um 14.35.

Are there any passengers ~ Rome?

Sind hier Reisende (bes.: Fluggäste) nach Rom?

Idiom:

They made (od. set out) ~ home.

Sie machten (od. begaben) sich auf den Heimweg.

5. auf (etwas Erwartetes, Erhofftes):

Don't wait ~ us.

Wartet nicht auf uns!

We hoped ~ success, but in vain.

Wir hofften auf einen Erfolg, aber umsonst.

Idiom:

Let's hope ~ the best!	Hoffen wir das Beste!

6. nach (bei Suche, Ausschau):

I looked out ~ Anne [~ a new house].	Ich hielt Umschau nach A. [(B.) nach einem neuen Haus].
They asked ~ Mr Miller.	Sie fragten nach Herrn M.

Idioms:

He fished ~ salmon.	Er fischte Lachse.
Lucy was longing ~ home.	L. hatte Sehnsucht nach Hause.
The parents sent ~ the doctor.	Die Eltern ließen den Arzt holen.

7. (Grund):

a) für, wegen (auch bei Belohnung od. Strafe):

He was famous ~ his jokes.	Er war berühmt für seine Witze.
The boy got a medal ~ his bravery.	Der Junge bekam eine Medaille für seine Tapferkeit.
They were both sent to prison ~ burglary.	Sie kamen beide wegen Einbruchdiebstahl ins Gefängnis.

b) vor, aus, wegen, aufgrund (von):

I couldn't see anything ~ the fog.	Ich konnte wegen des Nebels (od. vor Nebel) nichts sehen.
Sometimes we don't see the wood ~ the trees. (Sprichwörtlich)	Manchmal sehen wir den Wald vor lauter Bäumen nicht.
She couldn't say a word ~ fear [joy].	Sie konnte vor Angst [Freude] kein Wort sagen.
~ this reason they were not able to be here on time.	Aus diesem Grund (od. deshalb) konnten sie nicht rechtzeitig hiersein.

c) um, wegen, hinsichtlich, in bezug auf:

She is very anxious ~ her health.	Sie ist um ihre Gesundheit sehr besorgt.
They asked us ~ help.	Sie baten uns um Hilfe.

Idiom:

They were hard up ~ money.	Sie waren in Geldschwierigkeiten.

d) für, um . . . willen:

He did it ~ his parents.	Er tat es für seine Eltern.

Präpositionale Wendung:

FOR + Subst. + OF: *~ the sake of, ~ . . .'s sake*	um . . . willen

8. für, namens, im Namen (von):

Let me say this ~ all my colleagues.	Lassen Sie mich dies im Namen aller meiner Kollegen sagen.

9. (Entgelt):
a) für, um (einen Preis):
I bought the book ~ £ 6.   Ich kaufte das Buch für 6 Pfund.
b) für, gegen (ein Entgelt, bei Tausch):
He swapped some of his stamps ~   Er tauschte einige seiner Briefmar-
a model car.   ken gegen ein Modellauto ein.

10. für (bei Verwechslung):
We all took him ~ an American.   Wir hielten ihn alle für einen
Amerikaner.

11. für, statt, an Stelle (von):
Her neighbour did the shopping ~   Ihre Nachbarin ging für sie einkau-
her.   fen.
Idiom:
The letters B.C. stand ~   Die Buchstaben B.C. bedeuten
"before Christ".   „before Christ".

12. (R.) . . . weit:
They had walked ~ miles.   Sie waren meilenweit gelaufen.

13. (Z.)
a) für, auf:
My mother came to see us ~ a week.   Meine Mutter kam für (od. auf)
eine Woche zu uns.

b) . . . lang:
The session lasted ~ three hours.   Die Sitzung dauerte drei Stunden
(lang).
c) (schon) seit (bei Hineinreichen in die Gegenwart):
George has been here ~ an hour.   G. ist (schon) seit einer Stunde hier.

14. für, um (bei Wiederholungen):
He translated word ~ word.   Er übersetzte Wort für Wort (od.
wortwörtlich).

15. trotz:
Idiom:
~ all that, I still like her.   Trotz alledem liebe ich sie noch.

from

1. (R.)
a) von (. . . her); aus:
They came ~ the airport.   Sie kamen vom Flugplatz.
When does the train ~ Liverpool   Wann kommt der Zug aus Liver-
arrive?   pool?

They went ~ London to Edinburgh.   Sie fuhren von London nach Edinburgh.

b) von ... weg (od. **entfernt**):
The town is three miles ~ the coast.   Die Stadt ist drei Meilen von der Küste entfernt.

2. (B.) von (... an), ab (auch **Z.**):
We have dinner sets ~ £ 20 (upwards).   Wir haben Speiseservice ab 20 Pfund.
Office hours are ~ 9 to 12.30.   Geschäftszeit ist von 9 bis 12.30 (Uhr).
He will be away ~ June 1 [~ 10 o'clock].   Er ist vom 1. Juni an [ab 10 Uhr] weg.
Idiom:
I have known her ~ childhood.   Ich kenne sie von Kind auf.

3. von (einem Absender, Spender etc.):
She got a letter [the watch] ~ her husband.   Sie bekam einen Brief [die Uhr] von ihrem Mann.

4. von (... weg) (bei Wegnahme):
Idioms:
She stole my purse ~ me.   Sie stahl mir den Geldbeutel.
Take that knife (away) ~ the child.   Nimm dem Kind das Messer weg (od. ab)!

5. aus (einem bestimmten Material):
Steel is made ~ iron.   Stahl wird aus Eisen hergestellt.

6. (Quelle, auch **B.**):
a) von, aus:
They drew water ~ a well.   Sie schöpften Wasser aus einem Brunnen.

We drank wine ~ crystal glasses.   Wir tranken Wein aus Kristallgläsern.

There are many quotations ~ Shakespeare in our book.   In unserem Buch sind viele Zitate von Shakespeare.

b) nach, entsprechend:
~ what his mother told me, Bob is ill.   Nach dem, was (od. Wie) mir seine Mutter erzählte, ist B. krank.
The picture is painted ~ nature.   Das Bild ist nach der Natur gemalt.

7. von (... aus); aus (... heraus) (bei Ursache, Grund):
This may be true ~ his point of view.   Das mag von seinem Standpunkt aus stimmen.
He did it ~ a sense of duty.   Er tat es aus Pflichtgefühl.

33

8. an (einer Krankheit, als Todesursache):

His father suffers ~ rheumatism.   Sein Vater leidet an Rheuma.

Too many persons in the world   Es sterben noch zu viele Menschen
still die ~ hunger.   auf der Welt an Hunger.

in

1. (R.)

a) in (auf die Frage „wo?"):

She was lying ~ her bed.   Sie lag in ihrem Bett.

We are living ~ London [~ High   Wir wohnen in London [in der
Street].   Hauptstraße].

Idioms:

   They spent a weekend ~ the   Sie verbrachten ein Wochenende auf
   country.   dem Lande.

   The farmers are ~ their fields.   Die Bauern sind auf ihren Feldern.

   Are the children playing ~ the   Spielen die Kinder auf der Straße?
   street?

   There are no stars ~ the sky.   Es sind keine Sterne am Himmel.

b) in (bes. bei intensiver Bewegung statt *into* auch auf die Frage „wohin?"):

Put your handkerchief ~ your   Steck dein Taschentuch in die
pocket.   Tasche!

He threw the letter ~ the fire.   Er warf den Brief ins Feuer.

Auch:

Go ~ the house!   Geh ins Haus!

Come ~ the water with us!   Komm mit uns ins Wasser!

Idiom:

   She broke [cut] the bread ~ two.   Sie brach [schnitt] das Brot entzwei.

2. (Z.)

a) in:

Richard Wagner died ~ (the year)   Richard Wagner starb (im Jahr)
1883.   1883.

He arrived at 10 o'clock ~ the night.   Er kam um 10 Uhr in der Nacht an.
(vgl. S. 18, *at 8b*)

Such things shouldn't happen ~   Solche Dinge sollten im 20. Jahr-
the 20th century.   hundert nicht vorkommen.

b) an:

We must get up early ~ the   Wir müssen früh am Morgen (od.
morning.   morgens früh) aufstehen.

Do you often watch TV ~ the   Siehst du am Nachmittag (od. nach-
afternoon [~ the evening]?   mittags) [am Abend od. abends]
   oft fern?

c) in, nach (Ablauf von):

Can you return the book to me ~ a week?

Kannst du mir das Buch in einer Woche zurückgeben?

d) während, zur Zeit (von), unter:

~ the reign of Queen Anne England was full of intrigues.

Während der Regierungszeit von Königin Anna war England voller Intrigen.

The fact that many diseases are caused by bacteria was unknown ~ those days.

Die Tatsache, daß viele Krankheiten durch Bakterien verursacht werden, war zu jener Zeit unbekannt.

3. in (einer Art und Weise, Beschaffenheit, einem Zustand):

Are all the rooms ~ good order?

Sind die Zimmer alle in Ordnung?

They lived ~ great poverty.

Sie lebten in großer Armut.

Idioms:

50 soldiers were killed ~ action.

50 Soldaten fielen (im Kampf).

Please remind me of it ~ case I forget.

Bitte erinnere mich daran, falls ich es vergesse.

She was ~ complete despair after she (had) lost her purse.

Sie war völlig verzweifelt, als sie den Geldbeutel verloren hatte.

He gave me a book and I gave him another ~ exchange.

Er gab mir ein Buch, und ich gab ihm dafür ein anderes.

This is a fashion which is ~ favour this year.

Das ist eine Mode, die in diesem Jahr sehr beliebt ist.

The captain marched ~ front.

Der Hauptmann marschierte voraus (od. an der Spitze).

His grandfather is 82 but still ~ good health.

Sein Großvater ist 82, aber noch bei guter Gesundheit.

Why are you ~ such a hurry?

Warum hast du es (denn) so eilig?

Sam and Grace are very much [had fallen] ~ love with each other.

S. und G. sind sehr [hatten sich] ineinander verliebt.

We must help those ~ need.

Wir müssen den Bedürftigen helfen.

He was ~ a rage about his damaged car.

Er war wütend über seinen kaputten Wagen.

This house is ~ good [bad] repair.

Dieses Haus ist in gutem [schlechtem] (baulichen) Zustand.

What can I give you ~ return?

Was kann ich dir dafür (od. als Gegenleistung) geben?

~ a (od. some) way I dislike your smoking so many cigarettes.

In gewisser Hinsicht (od. Irgendwie) mag ich es nicht, wenn du so viele Zigaretten rauchst.

You are ~ no way to blame for it.	Du bist in keiner Weise (od. keinesfalls, keineswegs) daran schuld.
~ this way you'll succeed.	Auf diese Weise (od. So) wirst du Erfolg haben.

Präpositionale Wendungen:

IN + Subst. + FOR:

~ exchange for	(als Entgelt) für,
~ return for	(als Gegenleistung) für,

IN + Subst. + OF:

~ aid of	(Spende etc.:) zugunsten (von),
~ case of	im Falle (von),
~ charge of	verantwortlich für, mit ... beauftragt,
~ consequence of	infolge (od. zufolge) (von), wegen,
~ consideration of	in Anbetracht (von), angesichts,
~ default of	mangels, in Ermangelung (von),
~ favour of	zugunsten (von),
~ front of	a) (R.) vor,
	b) an der Spitze (von),
~ honour of	zu Ehren (von),
~ lieu of	statt, an Stelle (von),
~ memory of	zur Erinnerung an,
~ the middle of	mitten(drin) in, inmitten (von),
~ need of	... bedürftig,
~ respect of	hinsichtlich, was ... anbetrifft,
~ search of	auf der Suche nach,
~ spite of	→ **despite,**
~ terms of	a) in Form (von),
	b) im Sinne (von), als,
	c) hinsichtlich,
	d) vom Standpunkt ... (aus gesehen),
~ view of	im Hinblick auf, in Anbetracht (von), angesichts,
~ the way of	hinsichtlich, was ... anbelangt.

IN + Subst. + TO:

~ reply to	als Antwort auf, in Beantwortung.

IN + Subst. + WITH:

~ accordance with	in Übereinstimmung mit, gemäß,
~ common with	gemeinsam mit,
~ conformity with	in Übereinstimmung mit, gemäß,
~ line with	in Übereinstimmung (od. im Einklang) mit.

4. im, mit, mit Hilfe (von), durch (bei Angabe von Material, Ausdrucksmitteln, Medium etc.):

The statue was cast ~ bronze.	Das Standbild war in Bronze gegossen.
He wrote the letter ~ ink [pencil].	Er schrieb den Brief mit Tinte [Bleistift].
She addressed the delegates ~ her best English.	Sie hielt vor den Delegierten eine Rede in ihrem besten Englisch.
Tell me ~ a few words what you could see.	Erzählen Sie mir in (od. mit) wenigen Worten, was Sie sehen konnten!

Idioms:

What is this ~ German?	Wie heißt das auf Deutsch?
Read what is typed ~ italics.	Lies (das), was kursiv gedruckt ist.
I prefer paintings ~ oils to paintings ~ water colours.	Ich ziehe Ölgemälde den Aquarellen vor.
We'll put that down ~ writing.	Wir werden das schriftlich niederlegen.

5. in (einer bestimmten Kleidung):

The woman was dressed ~ rags.	Die Frau war in Lumpen gekleidet.

Idiom:

He was a prince ~ disguise.	Er war ein verkleideter Prinz.

6. bei (einem Schriftsteller), **in** (einem Buch):

I read this quotation ~ a work of G. B. Shaw's [~ his latest novel].	Ich habe dieses Zitat bei G. B. Shaw [in seinem neuesten Roman] gelesen.

7. nach, gemäß:

~ my opinion she didn't tell us the truth.	Meiner Meinung nach hat sie uns nicht die Wahrheit gesagt.

8. in, zu (bei Zahlen, Maßangaben):

They came ~ dozens.	Sie kamen zu Dutzenden (od. dutzendweise).
There are herring ~ great numbers [~ small quantities] off the coast.	Es gibt vor der Küste Heringe in großer Anzahl [in kleinen Mengen].

9. in, bei, an (bei Zugehörigkeit, Beteiligung etc.):

He is ~ the army.	Er ist beim Militär.
Mr Carpenter is a shareholder ~ the company.	Herr C. ist Aktionär (bei) der Gesellschaft.
We took part ~ the discussion.	Wir nahmen an der Diskussion teil.

*I heard rumours about their
marriage. Is there anything ~ it?*

Ich hörte gerüchtweise von ihrer
Heirat. Ist daran etwas (Wahres)?

Unterscheide davon **adv.:**

1. innen, drinnen:
*His sheepskin coat has the woolly
side ~ .*

Sein Schaffellmantel hat die wollene
Seite innen.

2. zu Hause; auch: im Zimmer:
Mr Black isn't ~ .

Herr B. ist nicht zu Hause.

3. da, angekommen:
Is the train from Dover ~ yet?

Ist der Zug aus Dover schon da?

4. herein(-), hinein(-):
The door is locked. I can't get ~ .

Die Tür ist zugesperrt. Ich kann
nicht hinein(gelangen).

Idiom:

The boy wasn't " ~ ".

Der Junge gehörte nicht (recht) dazu.

inside

1. (dr)innen in, innerhalb:
*She waited ~ the house till the
thunderstorm was over.*

Sie wartete (drinnen) im Haus, bis
das Gewitter vorüber war.

2. (hinein/herein) in:
*The dog is so dirty. Don't let
him ~ the room.*

Der Hund ist so schmutzig. Laß ihn
nicht ins Zimmer („rein").

Unterscheide davon **adv.:**

1. (dr)innen, im Haus, auch: **daheim, zu Hause:**
Sibyl had a cold and had to stay ~ .

S. war erkältet und mußte im Zimmer (od. zu Hause) bleiben.

2. hinein(-), herein(-); nach (dr)innen:
It's cold out here. Let's go ~ !

Hier draußen ist es kalt. Gehen wir
hinein!

into

1. (R., Z. u. B.) (hinein/herein) in:

We went ~ the house.

Off they go ~ the wide world.

He got himself ~ debt [trouble].

Wir gingen in das Haus (hinein).

Nun gehen (od. fahren) sie hinaus in die weite Welt.

Er geriet in Schulden [Schwierigkeiten].

Idioms:

The girl burst ~ tears when she learned that she had failed her exams.

She worked far ~ the night.

Das Mädchen brach in Tränen aus, als sie erfuhr, daß sie ihre Prüfungen nicht bestanden hatte.

Sie arbeitete bis spät in die Nacht.

2. in, zu (bei Zustandsveränderung):

Freezing-point is the temperature at which water turns ~ ice.

Can you change a pound-note ~ small coin?

Translate this passage ~ German.

The milk had turned ~ butter.

Der Gefrierpunkt ist die Temperatur, bei der sich Wasser in Eis verwandelt.

Kannst du eine Pfundnote in Kleingeld umwechseln?

Übersetze diesen Abschnitt ins Deutsche!

Die Milch hatte sich in Butter verwandelt.

Idioms:

Peter has grown ~ a tall young man.

Eve turned her bracelet ~ cash.

P. ist zu einem großen jungen Mann herangewachsen.

E. machte ihr Armband zu Geld.

3. in (bei Teilung; auch Mathematik, beim Dividieren):

She divided the apple ~ four parts.

7 ~ 28 goes four times.

Sie teilte den Apfel in vier Teile.

7 geht in 28 viermal.

like

(so) wie, gleich:

Hazel is ~ her mother.

He acted ~ a gentleman.

H. ist wie ihre Mutter (od. gleicht ihrer Mutter).

Er handelte wie ein Gentleman.

Idioms:

You must do it ~ this (od. that).

Don't behave ~ a fool!

I didn't feel ~ walking so far.

Du mußt es so machen!

Benimm dich nicht so närrisch!

Mir war nicht danach zumute (od. ich hatte keine Lust), so weit zu laufen.

39

notwithstanding

trotz:

~ her cleverness she didn't see the trick.

Trotz ihrer Klugheit durchschaute sie den Trick nicht.

of

1. von (allgemein):
Eat some ~ these apples!

Iß ein paar von diesen Äpfeln!

2. (zur Bezeichnung des Genitivs):
Stephen is the son ~ a lawyer.
The boy tried to seize the tail ~ the dog.

S. ist der Sohn eines Rechtsanwalts.
Der Junge versuchte, den Schwanz des Hundes zu packen.

3. (häufige Wiedergabe durch eine deutsche Wortzusammensetzung):
Mr X. is our Minister ~ Finance.
We are no great eaters ~ fish.

Herr X. ist unser Finanzminister.
Wir sind keine großen Fischesser.

4. (als Apposition; das *of* wird im Deutschen nicht ausgedrückt):
During their holiday they visited
   the city ~ York,
   the University ~ Oxford,
   the Isle ~ Wight.
We had much rain in the month ~ June.
The name ~ Brown is very common.

Während ihres Urlaubs besuchten sie
   die Stadt York,
   die Universität Oxford,
   die Insel Wight.
Wir hatten im Monat Juni viel Regen.
Der Name B. kommt sehr häufig vor.

5. (bei Maßangaben; das *of* bleibt im Deutschen unübersetzt):
She bought a pound ~ beef.
Mark drank two pints ~ beer.
We had a lot ~ fun.

Sie kaufte ein Pfund Rindfleisch.
M. trank zwei Halbe Bier.
Wir hatten eine Menge Spaß.

6. von (. . . **weg** od. **entfernt**) (bei Entfernung von einem Ziel):
The little village was situated six miles east ~ Chester.

Das Dörfchen lag sechs Meilen östlich von Chester.

7. (bei Loslösung, Trennung, Befreiung, Wegnahme etc.):
a) von (od. gen.):
The trees were bare ~ leaves.

Die Bäume waren ohne Blätter (od. entlaubt).

We disposed ~ our old clothes to the Red Cross.

Wir gaben unsere alten Kleider für das Rote Kreuz her.

The doctor cured her ~ her asthma.	Der Arzt heilte sie von ihrem Asthma.
The farmer rid his barn ~ rats.	Der Bauer befreite seine Scheune von Ratten.
This news relieved her ~ her anxiety.	Diese Nachricht befreite sie von (od. erlöste sie aus) ihrer Angst.
A thief robbed her ~ her handbag.	Ein Dieb beraubte sie ihrer (od. raubte ihr die) Handtasche.

b) um (bei Wegnahme, Betrug, Verlust):

The pedlar cheated the woman ~ £ 3.	Der Hausierer betrog die Frau um drei Pfund.
His cares robbed him ~ his sleep.	Seine Sorgen brachten ihn um (od. raubten ihm) den Schlaf.

8. von, aus (bei Angabe der Herkunft):

This is Mr Watson ~ London.	Das ist Herr W. aus London.
She comes ~ a good family.	Sie kommt aus einer guten Familie.

9. (Teil, Auswahl):

a) von (od. gen.), **unter**:

John is one ~ my friends.	J. ist einer meiner Freunde.

Idioms:

He is a friend ~ mine.	Er ist ein Freund von mir.
You ~ all people needn't laugh!	(ironisch:) Ausgerechnet du hast es nötig zu lachen!

b) (nach Superlativen; im Deutschen durch **von** od. Genitiv ausgedrückt):

He is the most fanatic ~ them all.	Er ist von ihnen der allerfanatischste.
This was the most dangerous ~ our enemies.	Das war der gefährlichste unserer Feinde.

10. mit, von (bei Angabe von Eigenschaften):

Tim was a man ~ courage.	T. war ein Mann mit Mut.
Catherine is a girl ~ seventeen.	C. ist ein Mädchen von 17 Jahren.

11. von, aus (bei Angabe von Stoff, Material etc.):

These knives are made ~ stainless steel.	Diese Messer sind aus rostfreiem Stahl (hergestellt).

12. von (bei Angabe der Art und Weise):

It was very unwise ~ him to move from here.	Es war sehr unklug von ihm, von hier fortzuziehen.

13. von, über (ein Thema; bei Gespräch); **an** (bei Denken, Erinnerung):

Was that the man we spoke ~ ?	War das der Mann, von dem wir sprachen?

*I didn't for one moment think ~ John
as a possible accomplice.*

Ich habe überhaupt nicht an John als möglichen Komplizen gedacht.

We had no remembrance ~ this event.

Wir erinnerten uns nicht an dieses Ereignis.

14. (Grund, Ursache):
a) vor:
Don't be afraid ~ the horse.

Hab keine Angst vor dem Pferd!

b) an (einer Krankheit):
Her mother died ~ pneumonia.

Ihre Mutter starb an Lungenentzündung.

c) auf:
She was proud ~ her famous son.

Sie war stolz auf ihren berühmten Sohn.

He is envious ~ his brother.

Er ist neidisch auf seinen Bruder.

d) über, wegen:
Aren't you ashamed ~ your bad behaviour?

Schämst du dich nicht wegen deines schlechten Benehmens?

15. (Z.)
a) Idioms:
What do you do ~ a fine summer's evening?

Was machen Sie (machst du) an schönen Sommerabenden?

He told the children stories from days ~ old (od. literarisch *yore*).

Er erzählte den Kindern Geschichten aus (ur)alten Zeiten.

b) (Am. F) **vor, „bis", „auf":**
It was six minutes ~ nine.

Es war sechs Minuten vor (od. „bis", „auf") neun.

16. Unterscheide:
a) zu (als „genitivus objectivus"):
Richard's love ~ his parents isn't too great.

Richards Liebe zu seinen Eltern ist nicht allzu groß.

b) (als „genitivus subjectivus"; im Deutschen ausgedrückt durch Genitiv):
Don't throw away the love ~ your parents.

Wirf die Liebe deiner Eltern nicht weg!

off

1. von (. . . **weg, ab, herunter**):
She climbed ~ her horse.

Sie stieg vom Pferd (herunter).

He took her coat ~ her shoulders.

Er nahm ihr den Mantel von den Schultern.

Cut a slice of bread ~ the loaf for yourself.	Schneid dir eine Schnitte Brot vom Laib ab!
We ate our dinner ~ paper-plates.	Wir aßen unser Abendessen von Papptellern.
She took five tins of runner beans ~ the shelf.	Sie nahm fünf Dosen grüne Bohnen vom Regal.

2. weg von, abseits (von):

The children wandered through many lanes far ~ the main road.	Die Kinder strolchten durch viele Gassen, die weitab von der Hauptstraße lagen.

Idioms:

This place is rather ~ the map. (F)	Dieser Ort liegt ziemlich hinter dem Mond.
You seem to be a little ~ balance [~ form] today.	Du bist heute anscheinend ein bißchen aus dem Gleichgewicht [außer Form].

3. auf der Höhe (von), vor (zur Angabe der Küstenlage):

They sailed three miles ~ the Norwegian coast.	Sie fuhren drei Meilen vor der norwegischen Küste.

4. weg (od. frei) von:

Idiom:

We're ~ duty today.	Wir haben heute dienstfrei.

Unterscheide davon:

I. adv.:

1. fort(-), weg(-), davon(-):

Why are you running ~ ?	Warum rennst du davon?

2. (dienst-, arbeits)frei:

May I take two days ~ ?	Kann ich zwei Tage freinehmen?

II. die Bedeutungen von *off* als **adj./p.**, z. B.:

The town is still some miles ~.	Die Stadt ist noch ein paar Meilen entfernt.
The whole thing is ~.	Die ganze Sache ist abgeblasen.
She was badly [well] ~.	Es ging ihr (bes. finanziell) schlecht [gut]. Sie war arm [reich].

(→ auch **on II [adj./p.]** S. 48)

on

1. (R.)

a) auf (einer Unterlage), auch: **in, an:**

He was lying ~ [lay down ~] his couch.	Er lag auf seiner [legte sich auf seine] Couch.
The teacups are ~ [She put the teapot ~] the table.	Die Teetassen sind auf dem [Sie stellte die Teekanne auf den] Tisch.
There are carpets ~ the floor.	Auf dem Boden liegen Teppiche.
Put a hat ~ your head!	Setz einen Hut auf!
She stuck a stamp ~ the envelope.	Sie klebte eine Marke auf das Kuvert.
They laid the injured motorist ~ the ground.	Sie legten den verletzten Autofahrer auf den Boden.
The French live ~ the Continent.	Die Franzosen leben auf dem Kontinent.
You'll find the new words ~ page 173 [~ the blackboard].	Ihr findet die neuen Wörter auf S. 173 [auf (od. an) der Tafel].

Idioms:

Put this photo ~ top!	Leg dieses Foto obenauf (od. zuoberst)!
Why ~ earth didn't you ask us?	Warum, um Himmelswillen, hast du uns nicht gefragt?

Präpositionale Wendung:

ON + Subst. + OF:

~ top of	(oben) auf.

b) auf (= getragen von):

The ducks are floating ~ the water.	Die Enten schwimmen auf dem Wasser.

c) (festgemacht od. **unmittelbar) an;** auch: **in, bei:**

This dog must be kept ~ a chain.	Dieser Hund muß an der Kette gehalten werden.
There are pictures ~ the walls.	An den Wänden sind Bilder.
A fly is ~ the ceiling.	Eine Fliege ist an der Decke.
The boy had pimples ~ his face [a blister ~ his foot].	Der Junge hatte Pickel im Gesicht [eine Blase am Fuß].
She had a wedding-ring ~ her finger.	Sie hatte einen Ehering am Finger.
I have no money ~ me.	Ich habe kein Geld bei mir.
The soldiers occupied a village ~ the frontier [coast].	Die Soldaten besetzten ein Dorf an der Grenze [Küste].

Idioms:

The sailors were ~ board
(their ship).

Die Matrosen waren an Bord (ihres
Schiffes).

We went ~ foot [went ~
horseback].

Wir gingen zu Fuß [ritten].

The miners crept along the
gallery ~ all fours.

Die Bergleute krochen auf allen
vieren den Stollen entlang.

Who was ~ the phone?

Wer war am Telefon?

What's ~ TV tonight?

Was ist heute abend im Fernsehen?

d) auf (. . . herunter/hinunter); auf (. . . zu), (hin) zu, an (bei Angabe von Richtung od. Ziel); **auf (. . . los, zu), gegen** (feindlich):

She threw the plate ~ the floor.

Sie warf den Teller auf den Boden
(hinunter).

The sun shone ~ the mountains.

Die Sonne schien auf die Berge
(herunter).

The robber hit him ~ the head.

Der Räuber gab ihm einen Schlag
auf den Kopf.

He dealt the burglar a blow ~
the chin.

Er gab dem Einbrecher einen Schlag
ans Kinn.

The enemy troops were marching ~
[made an attack ~] the town.

Die feindlichen Truppen marschierten auf die Stadt zu [machten
einen Angriff auf die Stadt].

Idiom:

The father turned his back ~
his son.

a) Der Vater wandte seinem Sohn
den Rücken zu.

b) **(B.)** Der Vater kehrte seinem
Sohn den Rücken (= wandte sich
von ihm ab).

e) an (einem Fluß):

Paris is situated ~ the Seine (River).

Paris liegt an der Seine.

Shakespeare was born at
Stratford-~-Avon.

Shakespeare wurde in Stratford am
Avon geboren.

2. (Z.)

a) an (einem Tag):

She'll come to see us ~ Sunday.

Sie wird am Sonntag zu uns zu
Besuch kommen.

Offices are closed ~ Saturdays.

Die Ämter sind samstags geschlossen.

She had a baby ~ July 21st.

Sie bekam am 21. Juli ein Kind.

b) bei (einer Gelegenheit), **zu** (einem Zeitpunkt):

They were at the airport ~ their
uncle's arrival.

Sie waren bei der Ankunft ihres
Onkels am Flugplatz.

Idioms:

~ entering the room I was astonished to see her.

Als ich das Zimmer betrat, war ich erstaunt, sie zu sehen.

Try to be here ~ time.

Versuche, rechtzeitig hier zu sein!

3. (Grund, Veranlassung):
a) auf (... hin), auch: aus:

I took the medicine ~ my doctor's advice.

Ich nahm die Medizin auf Anraten meines Arztes.

Idioms:

They arrested him ~ a charge of theft.

Sie verhafteten ihn wegen Diebstahls.

I've got this news ~ good authority.

Ich habe diese Nachricht aus zuverlässiger Quelle.

He was forbidden to leave the town ~ pain of death.

Es war ihm bei Todesstrafe verboten, die Stadt zu verlassen.

~ hearing these reasons I must admit you are right.

Bei dieser Sachlage gebe ich zu, daß du recht hast.

Präpositionale Wendungen:
ON + Subst. + OF:

~ account of	um ... willen, wegen,
~ the authority of	im Auftrag od. mit Genehmigung (von),
~ behalf of	a) zugunsten (von), b) im Auftrag (von), c) namens, im Namen (von),
~ the occasion of	bei Gelegenheit (von), gelegentlich,
~ the strength of	kraft, aufgrund (von).

b) zu (einem Anlaß), **anläßlich:**

Let me congratulate you ~ your birthday!

Darf ich dir zum Geburtstag gratulieren!

4. bei (zur Angabe der Zugehörigkeit):

She's ~ the committee for the care of the aged.

Sie ist im Ausschuß für Altenpflege.

He's ~ our technical staff.

Er ist bei (od. gehört zu) unserem technischen Stab.

5. in, auf, zu (bei Angabe des Zustandes, der Art und Weise etc.):
Idioms:

Foodstuffs are cheaper here ~ average.

Durchschnittlich sind die Lebensmittel hier billiger.

He saw me ~ business.

Er besuchte mich geschäftlich.

I bought this old chair ~ the cheap.

Ich habe diesen alten Stuhl billig gekauft.

The doctor isn't ~ duty, he is ~ holiday.	Der Arzt ist nicht im Dienst. Er hat (od. ist in) Urlaub.
The soldier was ~ leave.	Der Soldat hatte (od. war in) Urlaub.
May I have your atlas ~ loan?	Kann ich deinen Atlas leihweise haben?
His firm is ~ sale.	Seine Firma steht zum Verkauf.
They got married ~ the sly.	Sie haben heimlich geheiratet.
The actors are ~ tour.	Die Schauspieler sind auf Tournee.

6. auf (jemandem, etwas; als drückende Last):

He could hardly carry the load which lay ~ him.	Er konnte kaum die Last tragen, die auf ihm lag.
There are heavy taxes ~ coffee.	Auf Kaffee liegen hohe Steuern.

Idiom:

This noise is a strain ~ our nerves.	Dieser Lärm ist eine Belastung für unsere Nerven.

7. über (ein Thema; z. B. eines Gesprächs, einer Vorlesung, eines Vortrags):

They came to an agreement ~ the time of their departure.	Sie einigten sich über ihre Abfahrtszeit.
We talked ~ several subjects.	Wir plauderten über Verschiedenes.
What's your opinion ~ equal rights for women?	Was meinen Sie zur Gleichberechtigung der Frau(en)?
He gave us a lecture ~ some modern poet.	Er hielt uns einen Vortrag über (irgend)einen neuen Dichter.

8. auf, über, um (zur Angabe einer Aufeinanderfolge):

Flowers ~ flowers rained down upon the actress.	Blumen über Blumen regneten auf die Schauspielerin herab.

Unterscheide davon:

I. adv.

1. auf(-), an(-); darauf(-), daran(-):

Has she got her spectacles ~?	Hat sie ihre Brille auf?
Put your coat ~!	Zieh deinen Mantel an!
Keep your hat ~!	Behalt den Hut auf!

2. weiter(-):

She went ~ till she came to an old hut.	Sie ging weiter, bis sie zu einer alten Hütte kam.
If you go (od. carry) ~ like this, you'll never finish work.	Wenn du so weitermachst, wirst du nie mit der Arbeit fertig.

II. die Bedeutungen von *on* als **adj./p.,** z. B.:
The central heating is ~ . Die Heizung ist an.
" ~ — off " (Schalter:) „Ein — Aus", (Hahn etc.:) „Auf — Zu"

opposite

gegenüber:
They are living ~ the City Hall. Sie wohnen gegenüber dem Rathaus.

Unterscheide davon **adv.:**

gegenüber, vis-à-vis:
Their house is ~ (to) mine. Ihr Haus liegt dem meinen gegen-über.

outside

(draußen) vor, außerhalb:
~ the church, friends and relations were waiting to congratulate the young couple. Draußen vor der Kirche warteten Freunde und Verwandte, um dem jungen Paar zu gratulieren.
The children ran ~ . Die Kinder liefen nach draußen.

Unterscheide davon **adv.:**

1. (dr)außen, außerhalb:
The family had dinner ~ in the garden. Die Familie aß draußen im Garten.

2. hinaus(-), nach (dr)außen:
Let's go ~ into the garden! Gehen wir hinaus in den Garten!

over

1. (R.)
a) über:
There was a lamp hanging ~ the table. Eine Lampe hing über dem Tisch.
A blanket is lying ~ the bed. Über dem Bett liegt eine Decke.
The balcony juts out ~ the terrace. Der Balkon ragt über die Terrasse heraus.

They held an umbrella ~ *the President's head.*	Sie hielten einen Schirm über den Kopf des Präsidenten.

b) über, jenseits (von):

He was curious to see the lands ~ *the sea.*	Er war neugierig, die Länder in Übersee zu sehen.

Idiom:

They live in a house ~ *the way.*	Sie leben in einem Haus gegenüber.

c) über (. . . weg od. hinüber) (bei Angabe von Richtung od. Bewegung):

The horse jumped ~ *the fence.*	Das Pferd sprang über das Hindernis (weg).
The smugglers had gone ~ *the frontier.*	Die Schmuggler waren über die Grenze gegangen.
Several bridges span ~ *the Rhine at Cologne.*	Mehrere Brücken spannen sich in Köln über den Rhein.

d) überall in:

The rumour spread all ~ *the town [all* ~ *the country].*	Das Gerücht verbreitete sich in der ganzen Stadt [im ganzen Land].

2. (Z.) über, während:

Our friends stayed with us ~ *the weekend [* ~ *night].*	Unsere Freunde blieben über das Wochenende [über Nacht] bei uns.

3. über, bei (einer Tätigkeit etc.):

How long are you going to be sitting ~ *your work?*	Wie lange wirst du über deiner Arbeit sitzen?
We talked about all our problems ~ *a glass of wine.*	Wir besprachen alle unsere Probleme bei einem Glas Wein.

Idiom:

You should go ~ *your notes again.*	Du solltest deine Aufzeichnungen nochmals durchgehen.

4. über (bei Herrschaft, Vormacht, Sieg etc.):

. . . long to reign ~ *us . . .* (aus der engl. Nationalhymne).	. . . lange über uns zu regieren . . .
He triumphed ~ *his enemies.*	Er triumphierte über seine Feinde.
The chairman presides ~ *the meeting.*	Der Vorsitzende führt das Präsidium in der Versammlung.
A fit of anger came ~ *her.*	Ein Wutanfall überkam sie.

5. über, mehr als; (Z.) auch: a) länger als, b) älter als:

The river is ~ *200 miles long.*	Der Fluß ist über 200 Meilen lang.
She stayed with us (for) ~ *a week.*	Sie blieb über eine Woche (lang) bei uns.
He is ~ *ninety (years old).*	Er ist über neunzig (Jahre alt).

Idiom:

Waiters get tips ~ and above their wages.

Kellner bekommen Trinkgelder zusätzlich zu ihrem Gehalt.

6. über, wegen, betreffs:

He was worried ~ his mother's poor health.

Er machte sich Sorgen über den schlechten Gesundheitszustand seiner Mutter.

Unterscheide davon **adv.:**

1. (R.)
a) hinüber(-), d(a)rüber(-); b) herüber(-); c) drüben:

Here's a wall. Can you climb ~ ?

Hier ist eine Mauer. Kannst du hinüberklettern?

Come ~ to us!

Komm herüber zu uns!

Do you see that man ~ there?

Siehst du den Mann dort drüben?

2. (Z.) vorüber, vorbei, aus, zu Ende:

The meeting was ~ at 12 o'clock.

Die Sitzung war um 12 Uhr zu Ende.

3. darüber (hinaus), mehr:

Children of 10 and ~ were admitted.

Kinder von 10 Jahren und darüber (= ab 10 Jahre[n]) waren zugelassen.

4. übrig, „über":

Nothing was left ~.

Nichts blieb übrig.

5. übertrieben, über. . .:

He was not ~(-)polite.

Er war nicht überhöflich (od. ironisch: nicht gerade höflich).

6. über . . ., um . . . (in Verbverbindungen):

They handed the money ~ to us.

Sie übergaben uns das Geld.

She painted the ugly spots ~.

Sie übermalte die häßlichen Flecken.

The boy was run ~ by a motorist.

Der Junge wurde von einem Autofahrer überfahren.

He turned the pages ~ for the pianist.

Er blätterte für den Pianisten die Noten um.

past

1. (R.) an . . . vorbei (od. vorüber):

Every day she went ~ the station.

Jeden Tag ging sie am Bahnhof vorvorbei.

His arrow went ~ the mark.

Sein Pfeil ging am Ziel vorbei.

2. (Z.) nach:
It's a quarter ~ [half ~] six.   Es ist Viertel nach sechs (Uhr)
                                     [halb sieben (Uhr)].

3. (B.) über (. . . hinaus) (auch Z.):
She can't be ~ 30.   Sie kann nicht über 30 (Jahre alt)
                                     sein.

Idioms:
   This is ~ belief [~ com-   Das ist unglaublich [unbegreiflich].
   prehension].
   This man is ~ hope.   Für diesen Mann gibt es keine
                                     Hoffnung mehr.

   I wouldn't put it ~ him to   Ich traue es ihm zu, daß er das Geld
   accept the money.   annimmt.

Unterscheide davon **adv.:**

vorbei(-), vorüber(-):
The bus goes ~ once an hour.   Der Bus fährt alle Stunde einmal
                                     vorbei.

round

Umgangssprachlich gerne gleichgesetzt mit *around*. (Das a- wird einfach ver-
schluckt.) Bei strengerer Trennung bedeutet *around* mehr "*here and there*"
oder "*in every direction*" (= herum od. umher in) und *round* mehr "*in a
circular motion*" (= im Kreis od. rundherum um).

1. (rund) um:
There's a fence ~ the yard.   (Rund) Um den Hof läuft ein Zaun.
The planets move ~ the sun.   Die Planeten kreisen um die Sonne.
Francis Drake sailed ~ the world.   F. Drake umsegelte die Welt.
They are back from their voyage   Sie sind von ihrer Reise um die Welt
   ~ the world.   (od. Weltreise) zurück.
Idiom:
   We slept ~ the clock.   Wir schliefen rund um die Uhr
                                         (= 24 Stunden).

2. um (. . . herum) (bei Angabe eines Mittelpunktes):
They were sitting ~ the table.   Sie saßen um den Tisch herum.
The children gathered ~ their   Die Kinder scharten sich um ihre
   mother.   Mutter.

3. um (. . . herum) (bei Angabe einer Richtungsänderung):
A policeman went ~ the corner.   Ein Polizist bog um die Ecke.

The baker's shop is just ~ the corner.	Der Bäckerladen ist gleich um die Ecke.

4. in (od. auf) ... herum:

We showed (od. took) our guests ~ the house.	Wir führten unsere Gäste im Haus herum.

5. (B.) etwa, um; (Z.) auch: gegen:

We are ready to pay somewhere ~ £ 600.	Wir sind bereit, so etwa 600 Pfund zu zahlen.

Unterscheide davon **adv.**:

1. rings-, rund(her)um; um(-), herum(-):

The wheels go ~.	Die Räder drehen sich (herum).
When I turned ~ [looked ~], I saw Mrs Fisher.	Als ich mich umdrehte [umschaute], sah ich Frau F.

2. rund(her)um, in der Runde, im Umkreis; herum(-):

Pastries were passed ~.	Gebäck wurde herumgereicht.

3. (B.) etwa, um:

Come ~ about 7 o'clock.	Komm so gegen 7 Uhr!

since

seit: (Als **prp.** nur in der Bedeutung „von einem bestimmten Zeitpunkt ab"):

He has been living here ~ April 1970.	Er wohnt hier schon seit April 1970.
She has been ill ~ that time.	Sie ist seitdem krank.

Unterscheide davon:

I. cj.

1. seit(dem):

How long has it been ~ I last saw you!	Wie lange ist es her, seit(dem) ich dich zum letztenmal gesehen habe!

2. nachdem, da:

~ it was raining, she took an umbrella with her.	Nachdem es regnete, nahm sie einen Schirm mit.

II. adv.

seitdem, seither:

They returned to Berlin and have lived (od. have been living) there ever ~.	Sie kehrten nach Berlin zurück und wohnen seitdem dort.

He went to Australia and has never been heard of ~.	Er ging nach Australien, und seitdem hörte man nie mehr etwas von ihm.

through

1. (R.)

a) durch (. . . hindurch):

The burglars came in ~ the window. — Die Einbrecher kamen durch das (od. zum) Fenster hinein.

She passed a comb ~ her hair. — Sie fuhr sich mit einem Kamm durch das Haar.

He pushed his way ~ the crowd. — Er bahnte sich seinen Weg durch die Menge.

b) durch, in:

They searched ~ the whole house for the child. — Sie durchsuchten das ganze Haus nach dem Kind.

2. (Z.)

a) . . . hindurch (od. lang):

We danced ~ the night. — Wir tanzten die ganze Nacht hindurch.

He lived in Rome ~ all his life. — Er lebte sein ganzes Leben lang in Rom.

b) (Am. F) (von . . .) bis:

Offices are open Monday ~ (auch: thru) Friday. — Die Ämter sind von Montag bis Freitag geöffnet.

3. (B.) durch (. . . hindurch); bis zum (od. an das) Ende (von); am Ende (von):

Did he get ~ the exam? — Ist er durchs Examen gekommen?

We watched the house go ~ several building-stages. — Wir beobachteten die Entstehung des Hauses durch verschiedene Stadien hindurch.

Idioms:

You can't deceive me. I've seen ~ your tricks. — Du kannst mich nicht täuschen. Ich habe deine Tricks durchschaut.

4. durch, mittels:

The facts are represented here ~ statistics. — Die Fakten sind hier statistisch dargestellt.

5. durch, infolge (od. zufolge) (von):

This accident happened ~ no fault of hers. — Dieser Unfall geschah nicht durch ihre Schuld.

Unterscheide davon **adv.**:

1. durch(-):
The train goes ~ to Bristol.   Der Zug fährt bis Bristol durch.
Did you get ~ ?   (Im Examen od. am Telefon:) Bist
du durchgekommen?

2. zu (od. am) Ende, fertig(-):
Have you read the letter ~ ?   Hast du den Brief (schon) zu Ende
gelesen (od. fertiggelesen)?

throughout

1. (R.) überall in:
The author soon became famous   Der Schriftsteller wurde bald überall
~ his country and abroad.   in seiner Heimat und im Ausland
berühmt.

2. (Z.) während, . . . hindurch, . . . lang:
The wound which he received in the   Die Verwundung, die er im Krieg
war troubled him ~ his life.   erlitt, machte ihm sein ganzes Leben lang zu schaffen.

Unterscheide davon **adv.**:

durch und durch, ganz und gar, völlig:
This apple is rotten ~.   Dieser Apfel ist völlig faul.

thru

Am. F für **through.**

till

(Gleichbedeutend mit *until*, jedoch häufiger gebraucht als dieses)
1. (Z.) bis:
They played football ~ 6 o'clock.   Sie spielten bis 6 Uhr Fußball.
She is busy from morning ~ night.   Sie ist von morgens bis abends beschäftigt.

Goodbye ~ tomorrow morning!   Auf Wiedersehen bis morgen früh!
Idioms:
  I didn't know about it ~ now   Ich wußte es bis jetzt (od. bisher)
  [~ then].   [bis dahin] nicht.
  I didn't hear of it ~ yesterday.   Ich habe erst gestern davon gehört.

2. (Z.) bis zu:

We waited ~ his return.

Wir warteten bis zu seiner Rückkehr.

Unterscheide davon **cj.:**

(Z.) bis:

Won't you stay here ~ the rain has stopped?

Willst du nicht hierbleiben, bis der Regen aufgehört hat?

to

1. (R.) (Ziel, Richtung):

a) zu:

I met Peter on my way ~ the station.

Ich traf P. auf dem Weg zum Bahnhof.

Could you go ~ the grocer's for me?

Könntest du für mich zum Kaufmann gehen?

The children went ~ bed at ten o'clock.

Die Kinder gingen um 10 Uhr zu Bett.

b) nach:

Will you go ~ London this year?

Wirst du in diesem Jahr nach London fahren?

The car turned ~ the right [left].

Das Auto bog nach rechts [links] ab.

c) bis (zu od. nach, auf) (auch B.):

I read the book from the beginning ~ the end.

Ich las das Buch von Anfang bis Ende.

There were still 2 miles ~ Oxford [~ the nearest petrol station].

Es waren noch 2 Meilen bis (nach) Oxford [bis zur nächsten Tankstelle].

We were wet ~ the skin.

Wir waren bis auf die Haut durchnäßt.

d) an:

The horse was tied ~ a post.

Das Pferd war an einem Pfosten angebunden.

Let's nail the poster ~ the door!

Nageln wir das Poster an die Tür!

He fastened the mirror ~ the wall.

Er befestigte den Spiegel an der Wand.

They were standing back ~ back.

Sie standen Rücken an Rücken.

e) in, zu:

The children went ~ school [church].

Die Kinder gingen in die (od. zur) Schule [Kirche].

55

f) auf:

The cup fell [She threw the plate] Die Tasse fiel [Sie warf den Teller]
~ the ground. auf den (od. zu) Boden.
They go ~ university. Sie gehen auf die Universität.
He pointed ~ the house beyond Er deutete auf das Haus jenseits der
the street. Straße.

g) vor:

I take my hat off ~ you. a) Ich ziehe vor Ihnen den Hut.
  b) **(B.)** Hut ab!, Meine Hochach-
  tung!

h) (F) in:

Have you ever been ~ Canada? Waren Sie schon einmal in Kanada?

2. (Z.)

a) bis:

The restaurant is open from Das Restaurant ist von Montag bis
Monday ~ Saturday [from morning Samstag [von morgens bis abends,
~ night, from 6 ~ 11 p.m.]. von 6 bis 11 Uhr abends] geöffnet.

b) bis zu:

Did you stay ~ the end of the Bist du bis zum Ende des Konzerts
concert? geblieben?

Idiom:

I haven't seen such a thing So etwas habe ich bis auf den heuti-
~ this day. gen Tag noch nicht gesehen.

c) zu (zum Ausdruck des Anwachsens):

His pain grew worse from minute Seine Schmerzen wurden von Mi-
~ minute. nute zu Minute schlimmer.

3. (B.: Richtung, Ziel; Zweck, Wirkung):

a) zu:

They invited us ~ dinner. Sie luden uns zum (Abend)Essen
  ein.
Is this the key ~ your trunk? Ist das der Schlüssel zu deinem
  Koffer?
They prayed ~ God for rain. Sie beteten zu Gott um Regen.
He was flogged ~ death [put ~ Er wurde totgepeitscht [hingerich-
death, sentenced ~ death]. tet, zum Tode verurteilt].
Sally has a tendency ~ laziness. S. hat einen Hang zur Faulheit.
~ my surprise [astonishment] my Zu meiner Überraschung [meinem
wife was not yet at home. Erstaunen] war meine Frau noch
  nicht zu Hause.

Idioms:

When it came ~ the point she was Als es darauf ankam, war sie bereit,
ready to help us. uns zu helfen.

His answer was ~ the purpose.	a) Seine Antwort war (zu)treffend.
	b) Seine Antwort war sachdienlich (od. gehörte zur Sache).
This is all ~ no purpose.	Das hat alles keinen Sinn. Das ist alles zwecklos (od. umsonst).
Her father came ~ our rescue.	Ihr Vater kam uns zu Hilfe.

b) an:

| *Did you address the letter ~ Nancy or ~ her parents?* | Hast du den Brief an N. oder an ihre Eltern adressiert? |
| *There's nothing ~ it.* | Daran ist nichts Besonderes. |

c) auf:

| *They drank ~ the Queen.* | Sie tranken auf das Wohl der Königin. |

Idiom:

| *Here's ~ you(r health)!* | Auf deine Gesundheit!, Prosit! |

d) für:

| *Flowers are pleasant ~ the eye.* | Blumen erfreuen (= sind erfreulich für) das Auge. |
| *Her symptoms were alarming ~ the doctor.* | Ihre Symptome waren für den Arzt alarmierend. |

e) in:

| *He took the radio set ~ pieces.* | Er zerlegte den Radioapparat (in seine Teile). |

f) gegen(über), zu:

You should change your attitude [be more polite] ~ him.	Du solltest dein Verhalten ihm gegenüber ändern [höflicher zu ihm sein].
Her husband is blind ~ her faults.	Ihr Mann ist blind gegenüber ihren Fehlern.
Our father was deaf ~ our entreaties.	Unser Vater war taub gegen unsere Bitten.

4. (übersetzt durch deutsches Dativobjekt, bes. bei Nachstellung des indirekten Objekts):

Richard sent a letter ~ his girlfriend.	R. schickte seiner Freundin einen Brief.
Take these newspapers ~ your parents, please.	Bring diese Zeitungen bitte deinen Eltern!
He was always faithful ~ his wife.	Er war seiner Frau immer treu.
She was a good mother ~ her children.	Sie war ihren Kindern eine gute Mutter.

These facts were known ~ a few only. Diese Tatsachen waren nur wenigen
                                         bekannt.
~ whom did you give the parcel?, Wem hast du das Päckchen gegeben?
meist: Who did you give the
parcel ~ ?
I prefer pears ~ apples. Ich ziehe Birnen Äpfeln vor.
She seemed rather excited ~ me. Sie (er)schien mir ziemlich aufge-
                                   regt.

5. um zu (zum Ausdruck von Absicht od. Folge):
We took a taxi (in order) ~ catch Wir nahmen ein Taxi, um unser
our plane.   Flugzeug noch zu erreichen.
He disappeared never ~ come back Er verschwand, um nie mehr zu-
again.   rückzukommen.

Beachte den Unterschied:
We stopped ~ drink a cup of Wir hielten an, um eine Tasse Kaffee
coffee.   zu trinken.
He stopped drinking. Er hörte auf zu trinken.

6. nach, gemäß:
This wine isn't ~ my taste. Dieser Wein ist nicht nach meinem
                               Geschmack.
~ my mind she's an unhappy woman. Meinem Gefühl (od. Empfinden)
                                     nach ist sie eine unglückliche
                                     Frau.

7. (Verhältnis, Vergleich):
a) zu, auch: **gegen:**
This is nothing ~ what happened Das ist nichts gegen das, was
recently.   neulich passierte.
The score is 2 ~ 1. Das Spiel steht 2 zu 1 [2 : 1].
I bet ten ~ one he won't come. Ich wette 10 gegen 1, daß er nicht
                                  kommen wird.

b) auf:
There were two oranges ~ the Es gingen zwei Orangen auf ein
pound.   Pfund.

8. (zur Bezeichnung des Infinitivs):
a) (unübersetzt):
Would you like ~ stay with us? Möchtest du bei uns bleiben?
b) (mit Andeutung eines aus dem Vorhergehenden zu ergänzenden Infinitivs):
I don't want ~ go home, but I Ich möchte nicht heimgehen, aber
have ~ .   ich muß.
c) (substantiviert):
~ err is human. Irren ist menschlich.

d) zu (wenn übersetzt):

The birds began ~ sing.   Die Vögel fingen zu singen an.

She was ready ~ take the job.   Sie war bereit, die Stelle anzunehmen.

9. (statt eines verkürzten Nebensatzes):

I could weep ~ think of her.   Ich könnte weinen, wenn ich an sie denke.

Dave was the first [last] ~ arrive.   D. war der erste [letzte], der ankam.
D. kam als erster [letzter] an.

~ be honest, I don't like beer very much.   Um ehrlich zu sein (od. Ehrlich gesagt), ich mag Bier nicht sehr gern.

Unterscheide **adv.**:

1. zu (= geschlossen):

He pulled the door ~ behind him.   Er zog die Tür hinter sich zu.

2. hin(-); dahinter(-), daran(-):

We must set ~.   Wir müssen uns daranmachen (od. „dahinterklemmen").

3. zu sich, zu Bewußtsein:

The first-aid men tried to bring him ~.   Die Sanitäter versuchten, ihn wieder zu sich zu bringen.

toward(s)

1. (R.) auf ... zu, (hin) nach:

The enemy's troops were moving ~ the town.   Die feindlichen Truppen marschierten auf die Stadt zu.

Our hotel room was looking ~ the sea.   Unser Hotelzimmer hatte Blick aufs Meer.

2. (Z.) gegen, auf (... zu):

It was somewhat ~ 6 o'clock when they arrived at home.   Es war gegen (od. Es ging auf) 6 Uhr, als sie daheim ankamen.

3. (B.) gegen(über):

We got to feel their hatred ~ foreigners.   Wir bekamen ihren Haß gegen Fremde (od. ihren Fremdenhaß) zu spüren.

4. um (... willen), hinsichtlich, zum Zweck (von):

All their efforts ~ peace were in vain.   Alle ihre Bemühungen um einen Frieden (od. ihre Friedensbemühungen) waren umsonst.

under

1. (R.)

a) unter:

The dog is lying asleep ~ the table. | Der Hund liegt unter dem Tisch und schläft.

Put the larger plates ~ the smaller ones. | Stell die größeren Teller unter die kleineren!

Idiom:

Shall we send the documents ~ separate cover? | Sollen wir die Dokumente mit getrennter Post schicken?

b) unter (. . . hindurch) (bei Richtungsangabe):

The canoeists passed ~ the bridge. | Die Kanufahrer fuhren unter der Brücke durch.

c) unterhalb (od. am Fuße, zu Füßen) (von):

The village nestles ~ high mountain ranges. | Das Dorf schmiegt sich zu Füßen hoher Bergketten hin.

2. (B.) unter:

a) (Gewicht, Last, Verpflichtung, Verdacht etc.):

The country broke down ~ the load of taxation. | Das Land brach unter der Steuerlast zusammen.

Idioms:

She is ~ obligation to help her friends. | Sie ist verpflichtet (od. hat die Pflicht), ihren Freunden zu helfen.

He came ~ suspicion of theft. | Er geriet in den Verdacht des Diebstahls.

b) (Befehl, Autorität, Leitung etc.):

The plant is ~ the management [supervision] of three directors. | Die Fabrik steht unter der Leitung [Aufsicht] von drei Direktoren.

He fought ~ Napoleon. | Er kämpfte unter Napoleon.

The orchestra played ~ the direction of X. | Das Orchester spielte unter der Leitung von X.

c) (Einwirkung, Einfluß):

She committed the crime ~ the influence of alcohol. | Sie beging das Verbrechen unter Alkohol(einfluß).

Idiom:

The town was ~ fire for five days. | Die Stadt lag fünf Tage unter Feuer (od. Beschuß).

d) (Ausrüstung etc.):

Idiom:

The soldiers were ~ arms. | Die Soldaten standen unter Waffen.

e) (Begleitumstände, Bedingungen):

~ these conditions I cannot agree to your proposal.

Unter diesen Bedingungen kann ich Ihrem Vorschlag nicht zustimmen.

Idioms:

We will put up with such treatment ~ no circumstances.

Wir werden uns eine solche Behandlung keinesfalls gefallen lassen.

The question is still ~ discussion.

Über die Frage wird noch diskutiert.

The road is ~ repair.

Die Straße wird ausgebessert.

f) (Kategorie, Datum, Name):

These books are listed ~ "geography and travel".

Diese Bücher sind unter „Geographie und Reisen" aufgeführt.

Look ~ "hotels" for the Hilton!

Schlag unter „Hotels" nach, um das Hilton zu finden!

He published the novel ~ a pen-name.

Er veröffentlichte den Roman unter einem Pseudonym.

3. unter (jemands Herrschaft); (Z.) auch **während, zu Zeiten (von):**

England ~ Elizabeth I was a flourishing country.

England unter Elizabeth I. war ein blühendes Land.

4. unter (als Schutz od. Bewachung):

The minister travelled ~ the protection of some plain-clothes men.

Der Minister reiste im Schutze von einigen Polizisten in Zivil.

Idioms:

The troops attacked ~ cover of darkness [~ cover of night].

Die Truppen griffen im Schutze der Dunkelheit [im Schutze der Nacht] an.

5. bei, unter (von Vorlesungen etc.):

The student is reading biology ~ Professor X.

Der Student hört Vorlesungen über Biologie bei Professor X.

6. gemäß, nach, laut:

This isn't forbidden ~ the terms of the contract.

Das ist nach den Vertragsbedingungen nicht verboten.

7. unter, weniger (od. **niedriger) als:**

No tax was payable on incomes ~ £450.

Einkommen unter 450 Pfund waren steuerfrei.

| It took me ~ an hour to tidy up the rooms. | Ich brauchte weniger als eine Stunde, um die Zimmer aufzuräumen. |
| They are all ~ 30 (*years of age*). | Sie sind alle unter 30 (Jahre alt). |

Idiom:

| *Is he still ~ age?* | Ist er noch minderjährig? |

Unterscheide davon **adv.**:

1. unter(-):

| *Their fine ship went ~.* | Ihr schönes Schiff ging unter. |

2. (B.) darunter(-); unter(-), auch: unter Kontrolle:

| *They kept the fire ~.* | Sie hielten das Feuer unter Kontrolle. |

3. darunter, weniger:

| *These watches cost only £12 and ~.* | Diese Uhren kosten nur 12 Pfund und darunter (od. oder weniger). |

underneath

unter:

| *The girls wore their bathing-suits ~ their dresses.* | Die Mädchen hatten unter den Kleidern ihre Badeanzüge an. |
| *She quickly put the suitcase ~ her bed.* | Sie schob den Koffer schnell unter ihr Bett. |

Unterscheide davon **adv.**:

1. darunter:

| *He scraped some of the paint off the wardrobe to show the wood ~.* | Er kratzte etwas Farbe von dem Schrank ab, um das Holz darunter sehen zu lassen. |

2. hinunter(-), herunter(-):

| *Your legs shouldn't be on the table. Put them ~!* | Deine Beine haben nichts auf dem Tisch zu suchen. Stell sie darunter! |

until

→ **till.** (Seltener als *till*; besonders dann verwendet, wenn dem Wort betonendes Gewicht gegeben werden soll; gern am Anfang eines Satzes gebraucht.)

(Z.) bis (zu):

It was cold from December ~ April.	Es war kalt vom Dezember bis zum April.
She was busy ~ long after her husband's return.	Sie war bis spät nach der Rückkehr ihres Mannes beschäftigt.
~ yesterday I had not known about it.	Bis gestern hatte ich nichts davon gewußt.

Unterscheide davon auch hier **cj.**:

(Z.) bis:

We went on ~ it got dark.	Wir gingen weiter, bis es dunkel wurde.

up

1. (R.) auf (. . . hinauf), . . . hinauf (od. empor):

The boy climbed ~ the tree.	Der Junge kletterte auf den Baum (hinauf).
She went ~ the stairs [= upstairs].	Sie ging die Treppe hinauf.
They walked ~ the hill (= uphill) [~ the mountain].	Sie gingen den Hügel hinauf (= hügelan) [bergauf od. bergan].
Barges were towed ~ the river by tugs.	Lastkähne wurden von Schleppdampfern flußaufwärts gezogen.

2. in das Innere (von), im Inneren (von):

We travelled ~ country.	Wir fuhren landeinwärts.
~ country there are coffee plantations.	Im Landesinneren gibt es Kaffeepflanzungen.

3. oben in (bei Angabe der Himmelsrichtung):

They are living ~ north.	Sie leben (hoch) oben im Norden.

Unterscheide davon:

I. adv. (vor allem die Grundbedeutungen):

1. auf(-), herauf(-), hinauf(-), hoch(-), empor(-); in der Höhe, nach oben, aufwärts:

He jumped ~.	Er sprang auf (od. hoch).
Prices have gone ~ again.	Die Preise sind wieder angestiegen.

2. (dr)oben:

He stayed ~ in an alpine hut for several days.	Er blieb ein paar Tage oben in einer Berghütte.

II. die Bedeutungen von *up* als **adj./p.,** z. B.

Is she already ~ ?	Ist sie schon auf?
The sun is ~.	Die Sonne ist aufgegangen.
Time's ~ now. Let's go!	Es ist jetzt Zeit. Gehen wir!

upon

→ on.

(Besonders in der Umgangssprache ist *upon* weniger häufig als *on*.)
Gebräuchlich ist es jedoch an Stelle von *on*

1. in festen Redewendungen:

~ this he was silent.	Hierauf (od. Daraufhin) schwieg er.
Once ~ a time there was ...	Es war einmal ...
(Märchenanfang)	

2. beteuernd, hervorhebend:

~ my word (of honour), I will come back!	Bei meinem (Ehren)Wort, ich werde zurückkommen.

3. ... auf ..., ein ... nach dem anderen (bei Wiederholung):

He suffered loss ~ loss.	Er erlitt einen Verlust nach dem anderen.

4. (am Satzende):

What is she sitting ~ ?	Worauf sitzt sie?
They can't be relied ~.	Man kann sich nicht auf sie verlassen.

via

via, (auf dem Weg) über (auch **B.**):

They went to London ~ Calais.	Sie fuhren über Calais nach London.
We are informed about what happens in the world ~ the mass media.	Wir werden (auf dem Wege) über die Massenmedien über das Weltgeschehen unterrichtet.

with

1. (zusammen) **mit:**

Do you go for a walk ~ me?	Gehst du mit mir spazieren?
Mix the butter well ~ the eggs.	Misch die Butter gut mit den Eiern!

2. mit:

a) (Inhalt, Last, Bedeckung etc.):

She filled a glass ~ wine.	Sie füllte ein Glas mit (od. voll) Wein.

The box was covered ~ a lid.   Die Kiste war mit einem Deckel zugedeckt.

The lorry was loaded ~ bricks.   Das Lastauto war mit Ziegelsteinen beladen.

The mountains were covered ~ snow.   Die Berge waren mit Schnee bedeckt.

b) (= mit Hilfe von, mittels):

She walked ~ a crutch.   Sie ging mit (Hilfe) einer Krücke.

c) (= besitzend, bekleidet od. versehen mit):

I bought a dress ~ four pockets.   Ich kaufte ein Kleid mit vier Taschen.

Don't enter the room ~ your hat on!   Geh nicht mit dem Hut (auf dem Kopf) ins Zimmer!

d) (Gleichartigkeit, Gleichzeitigkeit):

The shadow of the tree moves ~ the sun.   Der Schatten des Baumes wandert mit der Sonne.

We rose ~ the sun this morning.   Wir standen heute morgen bei Sonnenaufgang auf.

e) (Art und Weise):

The soldiers fought ~ courage.   Die Soldaten kämpften mit Mut (od. mutig).

Idioms:

The horse won ~ ease.   Das Pferd gewann mit Leichtigkeit (od. leicht).

She told me ~ a smile on her face that she was soon going to be married.   Sie erzählte mir mit lächelndem Gesicht (od. lächelnd), daß sie bald heiraten würde.

Präpositionale Wendungen:

WITH + Subst. + TO:

~ regard to   a) → ~ respect to,

   b) hinsichtlich, bezüglich, was ... anbetrifft,

~ respect to   im Hinblick auf, hinsichtlich, in Anbetracht.

f) (= gegen):

The boys struggled ~ each other.   Die Jungen kämpften miteinander.

Idioms:

The Celts were at war ~ the Romans.   Die Kelten lagen mit den Römern im Krieg.

He fell out ~ his last friend.   Er zerstritt sich mit seinem letzten Freund.

3. bei:

Walter is living ~ his parents.   W. wohnt bei seinen Eltern.

Are you still working ~ your firm?   Arbeitest du noch bei deiner Firma?

We left the baby ~ its grand-mother.	Wir ließen das Baby bei seiner Groß-mutter.
I have no money ~ me.	Ich habe kein Geld bei mir.

4. *to go* ~ **übereinstimmen mit, passen zu:**

This green doesn't go ~ the blue of her dress.	Dieses Grün paßt nicht zum Blau ihres Kleides.

5. (Ursache):

a) vor (bei Gefühlen, Empfindungen):

The woman was trembling ~ fear.	Die Frau zitterte vor Angst.
We were stiff ~ cold.	Wir waren starr vor Kälte.

b) an (einer Krankheit):

He died ~ lung cancer.	Er starb an Lungenkrebs.

6. an, bei, auf seiten (von):

It now rests ~ you to decide.	Jetzt ist es an dir zu entscheiden.

Idioms:

I'm ~ you if you go cycling.	Ich bin dabei (od. mache mit), wenn ihr Radfahren geht.
Come on! Be ~ us!	Los! Mach mit!

7. auf der Seite (von), für:

The "Greens" voted ~ the govern-ment.	Die „Grünen" stimmten für die Re-gierung.

8. bei, angesichts:

You can't go to bed ~ all this work undone.	Du kannst nicht zu Bett gehen bei all der ungetanen Arbeit.

within

(oft nur verstärktes *in* oder *into*)

1. (R.)

a) innerhalb (von), in:

The terrorists are no longer ~ the country.	Die Terroristen sind nicht mehr im Lande.

b) im Umkreis (von), innerhalb (von):

There wasn't a house ~ a mile.	Im Umkreis von einer Meile gab es kein einziges Haus.

2. (Z.) innerhalb (von), binnen:

He assembled the plane ~ two hours.	Er bastelte das Flugzeug(modell) innerhalb von zwei Stunden zu-sammen.

3. (B.) in; im (od. **in den**) **Bereich (von):**

The children were [came] ~ call [hearing, sight].	Die Kinder waren [kamen] in Ruf-weite [Hörweite, Sichtweite].

Idiom:
You will have to learn to live ~ your income.

Du wirst lernen müssen, dich nach der Decke zu strecken.

Unterscheide davon **adv.:**

1. (R.) d(a)rinnen, innen, drin:
The shutters only open from ~ .

Die Fensterläden lassen sich nur von innen (aus) öffnen.

2. (B.) innerlich, im Innern:
Her father was outwardly calm but raging ~ .

Ihr Vater war nach außen hin ruhig, aber innerlich tobte er.

without

1. ohne:
He couldn't live ~ her.
She was left ~ money.
Those idiots read ~ understanding.

Er konnte ohne sie nicht leben.
Sie stand ohne Geld da.
Diese Dummköpfe lesen, ohne zu verstehen.

Idioms:
I found their house ~ difficulty.
You can go to the party ~ doubt.

Ich fand ihr Haus ohne Schwierigkeiten (od. leicht).
Du kannst ohne Zweifel (od. zweifellos) zu der Party gehen.

Stars ~ number were in the sky.
She told us lies ~ scruple(s).

Unzählige (od. zahllose) Sterne waren am Himmel.
Sie belog uns ohne Skrupel (od. skrupellos).

2. (R.) außerhalb (von), (draußen) vor (veraltet!):
He stood ~ the door.

Er stand draußen vor der Tür.

Unterscheide davon **adv.:**

ohne:
There's no butter left, so we must do ~ .

Es ist keine Butter mehr da, also müssen wir ohne auskommen.

III. Zusammengesetzte Präpositionen

according to

gemäß, nach . . .,. . . nach:
He acted ~ the regulations.　　　　Er handelte vorschriftsmäßig.

along with

(zusammen) mit, und dazu:
He sent her a book ~ a　　　　Er schickte ihr ein Buch und dazu
bunch of flowers.　　　　einen Blumenstrauß.

as for

was (an)betrifft, bezüglich:
~ him, I never want to see that　　　　Was ihn anbetrifft, ich will diesen
man here again.　　　　Menschen nie mehr hier sehen.

as to

1. → **as for.**

2. daß, (um) zu, oft nur: **und:**
Would you be so kind ~ close the　　　　Wärst du so nett und würdest die
door?　　　　Tür schließen?

3. nach, gemäß:
The pullovers on the shelf are　　　　Die Pullover auf dem Regal sind
sorted ~ size and colour.　　　　nach Größe und Farbe sortiert.

because of

wegen:
The garden party was called off　　　　Die Gartenparty wurde wegen des
~ the bad weather.　　　　schlechten Wetters abgesagt.

but for

abgesehen von, wenn nicht . . . gewesen wäre:
~ the heat in the car we should　　　　Wenn nicht die Hitze im Wagen ge-
have had a pleasant journey.　　　　wesen wäre, hätten wir eine ange-
　　　　nehme Fahrt gehabt.

down from

von . . . herunter:
The boy climbed ~ the tree.   Der Junge kletterte vom Baum herunter.

down to

1. (R.) herunter/hinunter zu (od. in):
She went ~ the basement.   Sie ging in das Kellergeschoß hinunter.

2. (B.) bis hinunter zu:
The soldiers fought bravely, ~ the   Die Soldaten kämpften tapfer, bis
last man.   hinunter zum letzten Mann.

due to

to be ~ zuzuschreiben (od. zu verdanken) sein:
The accident was ~ his reckless   Der Unfall war seiner leichtsinnigen
driving.   Fahrweise zuzuschreiben.

except for

außer, ausgenommen, bis auf, abgesehen von:
They all were present ~ one lady   Alle waren anwesend, bis auf eine
who was on holiday.   Dame, die in Urlaub war.
I know nothing about her ~ the fact   Ich weiß nichts von ihr, außer daß
that she is married.   sie verheiratet ist.

instead of

(an)statt, an Stelle (von):
Will you go to the concert ~ me?   Willst du statt meiner in das Kon-
zert gehen?

We're going to have fish ~ meat   Es gibt bei uns heute Fisch statt
today.   Fleisch.
The plane landed in Stuttgart ~   Das Flugzeug landete in Stuttgart
in Munich.   statt in München.
Go about your work ~ playing   Geh an deine Arbeit anstatt herum-
around.   zuspielen!

next to

1. (R.) ganz in der Nähe (von), gleich bei:

The pub is ~ the church.   Das Wirtshaus ist gleich bei der Kirche.

2. (B.) fast, beinahe:

She ate ~ nothing, but she didn't lose weight.   Sie aß fast nichts, aber sie nahm nicht ab.

on to, onto

auf ... hinauf:

The electrician climbed ~ the roof.   Der Elektriker kletterte hinauf auf das Dach.

out of

1. (R.)
a) aus ... (heraus/hinaus):

He took his hands ~ his pockets.   Er nahm die Hände aus den Taschen.

Let's go ~ doors!   Gehen wir hinaus ins Freie!

b) außerhalb (von), heraußen aus:

10 miles ~ York we had a puncture.   10 Meilen außerhalb von York hatten wir eine Reifenpanne.

They liked to be ~ doors.   Sie waren gern im Freien (od. draußen).

I was soon ~ town.   Ich war bald draußen vor der Stadt.

Now we are ~ the wood (Am. woods).
     a) Jetzt sind wir aus dem Wald heraußen.
     b) **(B.)** Jetzt sind wir überm Berg. Jetzt ist das Schlimmste überstanden.

2. (B.)
a) außerhalb (von) (= nicht dazugehörend):

She always felt ~ it.   Sie fühlte sich immer als Außenstehende (od. ausgeschlossen).

This is ~ the question.   Das kommt nicht in Frage.

Idioms:

This is ~ the way.
     a) **(R.)** Das ist abseits vom Wege.
     b) **(B.)** Das ist abwegig.
     c) **(B.)** Das ist ungewöhnlich.

Her cleverness is not ~ the way.   Ihre Klugheit ist nichts Ungewöhnliches.

b) außer (= nicht mehr im Bereich od. Besitz von):

The athlete was ~ breath.	Der Sportler war außer Atem.
The patient is now ~ danger after the operation.	Der Patient ist nach der Operation jetzt außer Gefahr.
Their car was soon ~ sight.	Ihr Auto war bald außer Sicht.

c) ohne (Vorrat, Arbeit etc.):

We are ~ bread [money].	Wir haben kein Brot [Geld] mehr.
He is ~ work and will have to find something new.	Er ist arbeitslos und wird sich nach etwas Neuem umsehen müssen.

d) nicht (mehr) ... gemäß, aus:
Idioms:

These shoes soon went ~ fashion.	Diese Schuhe kamen bald aus der Mode.

e) um (bei Wegnahme, Betrug, Verlust):

He cheated me ~ £2.	Er hat mich um 2 Pfund betrogen.

f) aus (bei Auswahl):

We picked a whelp ~ the litter.	Wir suchten uns einen Welpen aus dem Wurf aus.

g) aus (einem bestimmten Material):

The house was made ~ brick.	Das Haus war aus Backstein (gebaut).
The chair is made ~ wood.	Der Stuhl ist aus Holz (gefertigt).

h) aus (bei Empfindungen, bes. Mitleid, Furcht, Neugier):

She came ~ pure curiosity.	Sie kam aus blanker Neugier.

up to

1. (R.)
a) hinauf/herauf zu (od. in, auf):

She went ~ the first floor.	Sie ging hinauf in den ersten Stock.

b) bis an, bis hin zu:

The man stood in the water ~ his elbows.	Der Mann stand bis zu den Ellbogen im Wasser.

c) her zu, auf ... zu:

The dog came ~ me.	Der Hund kam zu mir her.

2. (B.) bis zu (auch Z.):

The room sleeps ~ 10 persons.	In dem Zimmer können bis zu 10 Personen schlafen.
~ now I've never had the opportunity of meeting him.	Bis jetzt bin ich ihm noch nie begegnet.

Idiom:

His memory has been treasured ~ this day.

Sein Andenken wird bis auf den heutigen Tag in Ehren gehalten.

3. a) gemäß, entsprechend:

He lived ~ his principles.

Er lebte seinen Grundsätzen gemäß.

b) . . . entsprechend, auf der gleichen Höhe wie:

Her short stories are no longer ~ her former standards.

Ihre Erzählungen sind nicht mehr auf dem gleichen Niveau wie früher.

c) . . . gewachsen, geeignet (od. tauglich) für:

Will he be ~ this task?

Wird er dieser Aufgabe gewachsen sein?

This TV set isn't ~ much.

Dieser Fernseher taugt nicht viel.

The new salesgirl isn't ~ much.

Mit der neuen Ladenhilfe ist nicht viel los.

d) in der Lage (od. Stimmung, Laune) zu:

He didn't feel ~ going to work.

a) Er fühlte sich nicht in der Lage, zur Arbeit zu gehen.

b) Er hatte keine Lust, zur Arbeit zu gehen.

Idiom:

She wasn't ~ the mark last night.

Sie fühlte sich gestern abend nicht recht auf der Höhe.

4. an; abhängig von; die Sache (von):

It is completely ~ them whether the meeting can take place.

Es liegt ganz an ihnen (od. hängt ganz von ihnen ab, ist ganz ihre Sache), ob das Treffen stattfinden kann.

It's ~ us to help him.

Es ist unsere Sache, ihm zu helfen.

5. beschäftigt mit; darüber, zu:
Idioms:

What are they ~ now?

a) Was treiben sie denn jetzt?

b) Was führen sie jetzt (wieder) im Schilde?

The children were ~ no good.

Die Kinder führten nichts Gutes im Schilde.